中央高校基本科研业务费专项资金资助

Supported by the Fundamental Research Funds for the Central Universities

基于作业成本的
商业银行经营决策研究

Business Decision of Commercial Banks Based on Activity-based Costing

郝素利 著

中国时代经济出版社

图书在版编目(CIP)数据

基于作业成本的商业银行经营决策研究 / 郝素利著.
—北京:中国时代经济出版社, 2012.11（2025.7重印）

ISBN 978-7-5119-1317-3

Ⅰ.①基… Ⅱ.①郝… Ⅲ.①商业银行—经营决策—研究 Ⅳ.①F830.33

中国版本图书馆 CIP 数据核字(2012)第 254666 号

书　　名：	**基于作业成本的商业银行经营决策研究**
作　　者：	郝素利
出版发行：	中国时代经济出版社
社　　址：	北京市丰台区右安门外玉林里 25 号
邮政编码：	100069
发行热线：	(010)83910203
传　　真：	(010)83910203
邮购热线：	(010)83910203
网　　址：	http://www.cmepub.com.cn
电子邮箱：	zgsdjj@hotmai.com
经　　销：	各地新华书店
印　　刷：	永清县晔盛亚胶印有限公司
开　　本：	170×240　1/16
字　　数：	190 千字
印　　张：	13
版　　次：	2013 年 1 月第 1 版
印　　次：	2025 年 7 月第 4 次印刷
书　　号：	ISBN978-7-5119-1317-3
定　　价：	39.00 元

本书如有破损、缺页、装订错误，请与本社发行部联系更换

版权所有　侵权必究

前　言

在世界经济全球化、金融自由化、科技进步以及我国经济体制变革等因素的影响下，商业银行的经营环境正在发生深刻的变化。信息技术的进步为商业银行发展中间业务提供了强大的技术支持和创新基础，从20世纪80年代开始，以中间业务收入为代表的非利息收入占银行全部收入的比重呈上升趋势，西方商业银行普遍占到30%～70%，银行也逐渐由原来的"资产中介"向"服务中介"转变。虽然我国商业银行目前存贷利息收入仍占收入的80%左右，但面对存贷利差的不断减小，以及银行业全面开放后外资银行的激烈竞争，发展低成本、低风险、高收益的中间业务已成为其必然趋势。作为企业的商业银行，必须实行自主经营、自担风险、自负盈亏、自我约束，要以利润为最终目标，按商品经济的经营原则从事经营活动。因此，商业银行进行科学决策（产品组合决策、产品定价决策、客户营销决策等）已成为目前商业银行关注的主要问题之一，决策制定的科学性、策略的正确性关系到银行自身的生存和发展。

将作业成本法（ABC）理论引入商业银行的成本管理过程中，建立以作业为中心的商业银行管理体系，是中外理论与实务研究者们多年来尝试探讨的课题，而且已经在商业银行作业成本核算、作业成本降低、作业成本控制和作业成本管理方面做出了一些具有标志性的理论和实务研究成果，但这些成果中缺少对基于作业成本的商业银行经营决策的研究，且商业银行作业成本核算模型也有待于进一步完善。基于作业成本的商业银行经营决策研究，主要是通过商业银行作业成本核算模型及商业银行作业成本动因率模型的设计来构建商业银行经营决策模型，使商业银行的经营决策更加科学合理，从而提高我国商业银行的竞争力。

本书在已有研究成果的基础上，经过数年的深入研究与实践探讨，提出了商业银行作业成本经营决策框架，构建了基于作业成本的商业银行产品盈利能力分析模型、基于作业成本的商业银行产品组合决策模型、基于作业成本的商业银行产品价格底线测算模型和基于作业成本的商业银行客户终身价值评价模型，并采用算例的形式对各模型的应用进行了验证。研究的主要内容及结论如下：

（1）作业成本法是一种工具，可以给金融机构的成本模式、经营流程、管理活动和组织结构带来显著变化。它试图解决"成本如何发生以及为何发生"这样一个客户实际问题，因而，它不是简单地记录成本的数量，并随意地将成本分摊到各成本中心或者产品中。它为成本信息提供了一种不同的视角，这种视角注重管理那些对组织有重大影响并有助于提高组织价值的主要因素。

（2）作业成本法是一种成本分析方法，可帮助组织采用比传统部门会计法更有意义的途径来分析成本。这种方法按作业分析成本习性，将行动同成本消耗联系起来，从而识别出成本动因。它使管理层能够利用成本信息制定各种决策，关注成本动因以及这些成本的变化对组织或特定部门盈利能力的影响。

（3）商业银行作业成本核算是其进行决策的基础。作业成本核算的基本原理是"产品消耗作业、作业消耗资源"。因此，作业成本的核算步骤首先要将资源费用归集到相应的作业，然后再将作业成本归集到产品。具体核算过程中首先要进行作业的划分，其次是成本动因的确定，最后设计作业成本计算模型。作业成本从诞生发展到现在，计算模型的形式也在不断改进，从最原始的矩阵模型到作业成本比较数学模型，再到作业成本分解模型和基于生产函数的作业成本模型等，以上模型都对原始模型进行了相应的改进，有的简化了原始计算模型，有的则将作业成本模型进一步完善，但是都没有解决一个问题，那就是同一个作业中心中各作业的关系。因此,基于业务流程的作业成本模型应运而生;基于业务流程的作业成本模型将各个作业看作一个作业链,而每个产品都消耗一定的作业链,通过作业链的层层递归得到最终产品的成本,从而弥补了原有作业成本模型没有考虑作业中心内部作业节点关系的缺陷。

(4) 基于作业成本的商业银行经营决策包括:基于作业成本的绩效评价、基于作业成本的产品决策、基于作业成本的定价决策、基于作业成本的客户决策和基于作业成本的营销渠道决策。但就目前来说,银行比较关注的是哪些产品可以盈利、什么样的价格既能盈利又具有竞争力及哪些客户是优质客户等问题。当然,银行的绩效考核和分销渠道的确定问题也是银行的重要决策问题。由于篇幅及个人能力限制,本书只对商业银行的产品组合决策、定价决策和客户盈利能力问题进行探讨。

(5) 对产品进行盈利能力分析进而进行产品决策和产品组合决策是商业银行目前关注的主要问题之一,将商业银行作业成本计算模型和基于作业成本的盈亏平衡作业量模型相结合得到商业银行各产品的盈利能力,通过产品的盈利能力测算,为商业银行进行产品决策提供依据。将商业银行作业成本计算模型与商业银行作业动因率模型相结合,考虑作业未用能力和资源价格变动对作业成本动因率的影响,以及作业的最大能力、作业的非负约束等,构建基于作业成本的商业银行产品组合决策优化模型,该优化模型解决了商业银行在有限的资源约束下实现利润最大化的问题。

(6) 产品价格是任何企业获利的关键因素,商业银行也不例外。商业银行产品的价格受到成本、风险、产品生命周期、预期利润、政策法规、经济环境、顾客需求、竞争对手和产品需求价格弹性等多种因素的影响,其中产品的成本和风险是商业银行产品价格的关键因素,运用作业成本计算模型将商业银行的成本归集到各个产品,结合商业银行经济资本配置模型,构建基于作业成本的商业银行产品价格底线测算模型,并根据其他影响商业银行产品价格的因素对价格进行调整,确定出科学合理的产品价格。

（7）"顾客至上"是追求利润最大化的商业组织的理念，然而并不是所有的顾客都会给商业银行带来盈利。根据二八原则，即银行20%的客户为银行贡献了80%的利润，其他的大部分客户带来很少的利润，甚至给银行带来亏损，这样的客户越多，银行的利润越少。因此区分盈利客户是商业银行亟待解决的问题之一。客户价值按形态可分为货币价值、非货币价值；按发生的时间可分为当前价值和潜在价值。综合考虑这四个方面的客户价值设立评价指标体系，确立商业银行客户的终身价值；其中客户当前货币价值是客户终身价值评价的关键指标，采用作业成本法对其成本进行合理的归集，考虑货币的时间价值，构建商业银行客户当前价值测算模型，在此基础上，根据客户价值的可持续性对商业银行客户的潜在价值进行了预测；最后采用模糊综合评价的方法对商业银行客户价值进行了评价。

全书共分为七章：第一章，在商业银行作业成本管理相关文献综述的基础上，明确提出本书研究的目的和意义；第二章，首选论述了作业成本的概念体系、计算原理及计算模型，在此基础上提出了基于作业成本的商业银行决策范围，明确了本书的重点是基于作业成本的商业银行产品组合决策、定价决策及客户营销决策等；第三章，首先用数学的方法分析了商业银行作业分解的最小粒度问题，考虑到数据收集问题，采用层次分析法对商业银行作业成本动因进行了探讨，在此基础上提出了基于过程的商业银行作业成本计算模型，并以算例的形式对该模型的应用加以论证；第四章，从未用作业能力和资源价格两方面研究了商业银行作业成本动因率的确定问题，在此基础上构建了基于作业成本的银行产品盈利能力模型和基于作业成本的产品组合决策模型，并用算例加以验证；第五章，首先论述了商业银行产品定价流程，并构建了基于作业成本的银行产品价格底线测算模型，最后以算例的形式对基于作业成本的商业银行产品定价模型进行了验证；第六章，构建了商业银行客户终身价值评价指标体系，并对指标体系的相应指标确定进行了论述，建立了基于作业成本的商业银行客户当前价值和潜在价值计算模型，并以算例的形式对该模型的应用进行了论证；第七章，得出主要结论，对研究中存在的问题及以后进一步工作内容提出建议。

  本书的研究结论，只是笔者研究的初步结果，还需在商业银行经营的实践中反复验证和完善。在本书撰写过程中，得到了中国矿业大学（北京）管理学院党委书记、博士生导师丁日佳教授的精心指导，得到了中央高校基本科研业务费专项资金资助，一些学术界的朋友及实业界的同行也为本书提供了大量的资料，在此表示衷心的感谢。

  尽管在研究和写作过程中尽心尽力，力求论述清楚、分析透彻，但由于基于作业成本的商业银行经营决策研究还处于初级阶段，加之个人能力和水平有限，书中不足和疏漏之处在所难免，恳请读者批评指正。

郝素利
2012 年 9 月于北京

目 录

第一章 绪 论
第一节 研究的背景 ·· 1
一、商业银行外部经营环境的变化 ···························· 2
二、外部环境变化对传统成本核算的冲击 ···················· 4
三、传统成本核算对银行经营决策的冲击 ···················· 5
第二节 商业银行作业成本相关文献综述 ······················ 7
一、国外商业银行作业成本研究现状 ························ 7
二、ABC 在我国的研究现状及发展 ··························· 16
三、目前存在的问题 ·· 16
四、文献综述小结 ··· 17
第三节 本书研究的目的、意义、方法及技术路线 ·········· 18
一、本书研究的目的 ·· 18
二、本书研究的意义 ·· 19
三、本书的研究方法与技术路线 ····························· 20

第二章 商业银行作业成本决策模型理论框架
第一节 作业成本计算模型基本原理 ······················· 22

一、作业成本法的概念体系 ……………………………………… 22
　　二、作业成本法的计算原理 ……………………………………… 24
　　三、作业成本计算模型 …………………………………………… 31
　第二节　基于作业成本的商业决策理论框架 ……………………… 38
　　一、基于作业成本的产品决策 …………………………………… 39
　　二、基于作业成本的定价决策 …………………………………… 41
　　三、基于作业成本的客户关系决策 ……………………………… 44
　　四、基于作业成本的其他决策 …………………………………… 44
　本章小结 ……………………………………………………………… 45

第三章　商业银行作业成本核算模型设计

　第一节　商业银行作业及作业中心的划分 ………………………… 46
　　一、商业银行作业划分 …………………………………………… 47
　　二、商业银行作业的分解粒度及判据 …………………………… 47
　　三、商业银行的作业中心确定 …………………………………… 50
　第二节　商业银行作业成本动因的确定 …………………………… 52
　　一、确定成本动因的方法 ………………………………………… 53
　　二、商业银行作业成本动因的确定 ……………………………… 56
　第三节　商业银行作业成本模型设计 ……………………………… 59
　　一、商业银行成本特点及资源费用范围 ………………………… 60
　　二、归集商业银行的资源费用到相应的资源中心 ……………… 63
　　三、按照资源动因将资源费用归集到相应作业 ………………… 66
　　四、按照作业动因将作业成本归集到相应的成本对象 ………… 69
　　五、基于业务流程的商业银行作业成本核算模型 ……………… 70
　第四节　算　例 ……………………………………………………… 73
　本章小结 ……………………………………………………………… 76

第四章 基于作业成本的商业银行产品组合决策模型设计

第一节 商业银行产品组合概述 …… 77
一、商业银行产品组合相关概念 …… 78
二、商业银行产品组合决策 …… 79

第二节 商业银行作业成本动因率模型 …… 80
一、作业成本动因率的影响因素分析 …… 81
二、作业成本动因率的确定方法 …… 82
三、商业银行作业成本动因率确定 …… 83

第三节 基于作业成本的本量利分析 …… 89
一、基于作业的成本性态分析 …… 89
二、基于作业的本量利模型设计 …… 90

第四节 基于作业的商业银行产品决策 …… 91
一、基于盈亏平衡作业量分析的商业银行产品盈利能力分析 …… 91
二、基于作业的本量利分析的商业银行产品组合决策 …… 92

第五节 算 例 …… 94
一、商业银行信贷部门各作业成本动因率的确定 …… 95
二、基于盈亏平衡作业量分析的银行产品盈利能力分析 …… 99

本章小结 …… 103

第五章 基于作业成本的商业银行产品定价决策模型

第一节 商业银行产品定价流程及定价目标的确定 …… 104
一、商业银行产品定价流程 …… 105
二、商业银行产品定价目标 …… 106

第二节 基于作业成本的商业银行产品价格底线测算 …… 107
一、商业银行产品定价方法的选择 …… 107
二、基于作业成本的商业银行存款价格底线测算模型 …… 111
三、基于作业成本的商业银行贷款价格底线测算模型 …… 115

四、基于作业成本的中间业务价格底线测算模型 …………… 119

第三节 商业银行产品定价的影响因素 …………………………… 121

    一、影响银行产品定价的内部因素 ………………………… 121

    二、影响银行产品定价的外部因素 ………………………… 122

    三、需求价格弹性对银行产品定价的影响 ………………… 123

第四节 商业银行产品定价策略的选择 …………………………… 125

第五节 算 例 ……………………………………………………… 126

本章小结 ……………………………………………………………… 128

第六章 基于作业成本的商业银行客户终身价值决策模型

第一节 客户价值相关理论 ………………………………………… 130

    一、客户价值相关概念 ……………………………………… 130

    二、基于客户生命周期的客户终身价值界定 ……………… 131

第二节 客户终身价值计量 ………………………………………… 134

    一、商业银行客户终身价值评价指标体系设计 …………… 134

    二、商业银行客户终身价值指标体系权重确定 …………… 137

    三、运用模糊综合评价方法确定商业银行客户终身价值 … 138

第三节 基于作业成本的客户当前货币价值测算 ………………… 140

    一、基于作业成本的客户成本核算流程 …………………… 141

    二、商业银行客户关键成本核算 …………………………… 142

    三、客户的经济资本配置 …………………………………… 144

    四、基于作业成本的商业银行客户成本核算 ……………… 147

    五、商业银行客户总成本核算 ……………………………… 150

    六、基于作业思想的客户收入的计量 ……………………… 150

    七、商业银行客户当前价值测算 …………………………… 153

第四节 采用拟合法确定商业银行客户的潜在利润 ……………… 154

    一、预测原理 ………………………………………………… 154

二、拟合函数的确定 ·················· 156
　第五节　基于客户终身价值评价的客户营销决策 ············ 157
　　一、基于客户终身价值的客户细分 ············ 157
　　二、基于客户细分的客户营销策略 ············ 159
　第六节　算　例 ·················· 163
　　一、客户收入核算 ·················· 163
　　二、客户成本核算 ·················· 164
　　三、客户基础利润贡献确认 ············ 165
　　四、客户预期利润贡献模拟 ············ 166
　　五、客户终身价值评价 ·················· 169
　本章小结 ·················· 173

第七章　结论与展望

　一、本书的主要结论 ·················· 174
　二、主要创新点 ·················· 176
　三、有待进一步讨论的问题 ············ 177

附　录 ·················· 178

参考文献 ·················· 180

第一章 绪 论

本章在商业银行作业成本理论文献综述的基础上,明确提出本书研究的目的和意义,指出本书的研究范围、研究方法和采用的技术路线。

第一节 研究的背景

在世界经济全球化、金融自由化、科技进步以及我国经济体制变革等因素的影响下,商业银行的经营环境正在发生深刻的变化。信息技术的进步为商业银行发展中间业务提供了强大的技术支持和创新基础,从20世纪80年代开始,以中间业务收入为代表的非利息收入占银行全部收入的比重呈上升趋势,西方商业银行普遍占到30%~70%,[1]银行也逐渐由原来的"资产中介"向"服务中介"转变。虽然我国商业银行目前存贷利息收入仍占收入的80%左右,[2]但面对存贷利差的不断减小,及银行业全面开放后外资银行的激烈竞争,发展低成本、低风险、高收益的中间业务已成为其必然趋势。作为企业的商业银行,必须实行自主经营,自担风险,自负盈亏,自我约束,要以利润为最终目标,按商品经济的经营原则从事经营活动。因此,商业银行进行科学决策(产品组合决策、产品定价决策、客户营销决策等)已成为目前商业银行关注的主要问题之一,决策制定的科学性、策略的正确性关系到银行自身的生存和发展。然而拥有种类繁多的服务性质业务的商业银行,巨大的间接费用成为其成本分配主要问题之一,如何将间接费用准确地追溯到产品客户,进而对产品准确定价及对客户进行盈利能力分析,然后进行公司决策就成为银行管理者的重要课题。[3]~[7]

一、商业银行外部经营环境的变化

(一)金融市场开放对商业银行造成的影响

随着银行业的全面开放,外资银行在中国开展业务的限制逐年取消,而外资银行大规模地进入,使我国的商业银行面临的竞争日益加剧,并可能会因为体制和经营管理的原因而遭遇优良客户流失和人才流失问题,[8]~[11]具体影响表现在以下几个方面:第一,在高端客户方面与中资银行强烈竞争。高端客户是银行业快速发展的基础,外资银行主要利用中资银行分业经营的局限,凭借其混业经营手段,满足中国企业的日趋旺盛的资本市场筹融资需求和投资需求。第二,在中间业务方面与中资银行激烈竞争。欧美发达国家商业银行在中间业务上积累了丰富的经验,中间业务也成为他们重要的收入来源。第三,在高级人才方面与中资银行进行激烈竞争。国际金融市场的竞争归根结蒂是人才竞争,外资银行合理的激励政策,较高的薪酬待遇和优越的发展机会,都成为他们获得和留住人才的优势。第四,国际化竞争将更加激烈。随着入世过渡期的结束,外资金融机构密集抢滩,而且更加注重通过资本融合成为我国商业银行的战略投资者。国内金融市场的竞争正在快速演变为不同的中外资金融机构联盟体之间的竞争,升级为国际化的竞争。

另外,目前我国商业银行自身还存在很多问题,特别是四大国有商业银行,目前仍存在诸多历史遗留的额外难题和新问题,主要包括以下几个方面:第一,产权制度缺陷、银政不分、产权主权一元化、所有权和经营权混合等;第二,公司治理制度有待进一步完善,财务重组后,国有商业银行经营结构不合理、资源配置效率低、管理层级多、流程不够合理、风险管理与内部控制体系不够健全、创新与营销机制不够完善、激励不足与约束不力并存等体制机制性问题仍然普遍存在；第三，利润持续增长难度加大，随着企业短期融资证券和资产证券化等直接融资业务迅速扩大，发展优质信贷市场的困难加大，加之在高风险的市场环境下必须实行高准备，势必导致信贷业务的盈利水平下降；第四，成本控制也是一个非常大的挑战。劳动力过剩、低效机构多一直是困扰国有商业银行发展的难题。

从以上分析可以看出，中国许多商业银行在内部管理的程序和方法上存在着很大的局限性，其中基础工作缺乏有效的规范，比如很多银行的间接费用是按人头在各个部门之间进行粗略的分配，缺乏对内部部门的有效控制和相对准确的考核，也不清楚各种银行服务产品的成本费用和收益情况，很难对银行的成本费用做出精细化的管理，从而导致银行的有关决策建立在缺乏根据的基础之上。

（二）国内商业银行间的同质化竞争加剧

截至2007年5月末，已有42个国家的75家银行在我国25个城市开展业务，转轨为法人的外资银行达到16家。[12]原有的国有银行与股份制银行的"二维"竞争状态演化为包括国有控股大银行、中小股份制银行、城市商业银行、外资银行在内的"四维"主体。中国建设银行研究部负责人郭世坤表示，在加速网点布局和开展全方位人民币业务后，外资银行的冲击效应开始显现，国内银行竞争同质化加剧。

国内银行竞争的同质化主要表现为银行客户、产品、区域定位的雷同，具体分析如下：

（1）有相当一部分银行不能有效进行市场细分。各银行之间，无论是大银行，还是中小银行垒大户、拼机构、拼网络现象依然严重，低端市场金融服务不足，导致银行客户争夺同质化加剧。

（2）各商业银行均高度重视零售银行业务的发展，但由于服务对象细分不够，竞争策略大同小异，且均提出要在短时间内在相当程度上提高零售业务比例，从而导致了各银行零售业务服务"撞车"不断，零售业务领域同质化竞争加剧。

（3）各家银行推出的产品功能、服务内容相差并不明显，市场替代效应弱，创新产品、服务趋同化严重。

（4）除了实力极其弱小的部分城市商业银行、农村商业银行外，大多数商业银行无论其规模大小都实施跨区域经营，而且各银行都将经营精力主要集中在经济发达区域。

（5）我国绝大多数银行都采取机构扩张、公开上市等手段做大规模，与国际银行业通过并购做大规模的主流方式明显不同。从长远来看，这不仅难以适应国际竞争需要，也使得各家银行增长路径高度一致，缺乏个性特征的增长。

由于以上同质化竞争的加剧，使各商业银行的市场份额和盈利份额正此消彼长，不断调整变化，各自都面临着不同的生存竞争压力。因此，加强商业银行的内部管理，进行正确决策势在必行。

二、外部环境变化对传统成本核算的冲击

随着利率市场化的发展及银行间竞争的加剧，银行必须知道各产品、客户、部门或地区的成本信息，只有这样，才能做出正确的经营决策。[130]然而，目前我国商业银行在成本核算方法上几乎都局限于传统的成本核算方法，即变动成本法或完全成本法。变动成本法的基本原理是：在成本习性分析的基础上，只将变动生产成本作为产品成本的构成内容，而将固定成本及非生产成本作为期间成本，并按贡献式损益程序计算损益的一种成本计算方法。反映在会计核算上，目前商业银行的会计核算系统普遍是面向业务操作的，不支持银行成本会计核算，在银行的经营观念中，银行产品成本是指存款资金成本，费用是营业性费用和管理费

用支出，没有建立起费用对象化的成本概念（未将成本费用核算到部门、产品和客户），以至于真正意义上的银行成本会计核算制度还是少有研究，会计难以提供有效的成本信息为经营决策服务，为内部管理服务。[13][14]

另外，由于商业银行成本结构存在上述特殊性，如果仍采用传统的成本核算方法——变动成本法，产品或客户的成本只计算变动成本，而把固定成本按期间费用来处理，那么，核算出的银行产品成本是不完全的、扭曲的成本信息；信贷业务和非信贷业务的成本往往被大大的低估。而基于低估的成本进行竞争性定价，往往使银行在创造价值的同时，却减少了自己的利润，最终使银行经营陷入困境。

综上所述，传统成本核算方法存在如下问题：第一，注重显性费用的控制，忽略隐性成本支出；第二，注重账面成本核算，忽略机会成本控制；第三，制造费用分配比例增大，使产品成本失真；第四，未将成本费用核算到产品、客户、部门等。

相对于传统成本计算方法日益表现出的不足，作业成本法通过选择多样化的作业动因进行间接费用分配，将成本费用核算到各级机构和部门，提高了成本控制的科学性和有效性；通过将成本费用核算到产品和客户，测算每一产品、每一客户的盈利性，提高了成本分析与成本决策的质量。并且以作业成本法为基础的作业成本管理可以大大提高银行的成本管理水平，为银行全面提高管理水平奠定了基础。[15]~[20]

三、传统成本核算对银行经营决策的冲击

成本核算系统是银行进行决策的信息基础，ABC 的应用改变了决策的信息基础，因而对传统的经营决策理论方法产生了诸多影响。

传统的经营决策理论与方法是建立在变动成本法基础上的，将成本按其性态划分为变动成本和固定成本是进行产品组合决策和产品定价决

策的前提。但是，依据作业成本的成本动因理论，不能简单地将成本划分为变动成本和固定成本，产销量也不是影响成本发生的唯一动因，多种成本动因的发现，引起人们对成本性态的再认识。传统上被视为"固定"的成本，会因找到了与之相关的某种成本动因而变得具有"变动性"。[21]经营决策的基础是各种成本信息。银行采用基于作业的成本核算体系，其核算原则、程序、方法以及成本归集对象等发生了质的变化，其提供的信息具有：成本性态多元化、相对准确和明细化等特性。信息基础的变化引起了成本决策方法的变革。

（1）产品组合决策。银行在决定产品组合时，需要了解增加、保留或取消某种产品对短期和长期成本的影响，传统成本决策是建立在变动成本法之上的，并以边际贡献或利润作为判断的依据。在进行决策时往往侧重考虑变动成本，将固定成本看成是与决策无关的成本。但依据作业成本对成本性态的认识，银行总成本不仅随产量变动而变动，还要受到作业量的影响，因此在决策时除了考虑变动成本外，还要考虑作业活动的变化对总成本的影响，综合考虑这两方面因素的影响可使决策更加全面、科学。

（2）产品定价决策。成本是影响产品价格变动的一个基本因素。即使当企业根据供求关系的变化和市场竞争的情况而采用市场导向定价法时，也同样要参考产品的单位成本。作业成本法使产品成本更加真实，成本计算的准确性决定了产品定价决策的准确性。产品的定价有多种方法，如以市场为基础，根据供求关系相应调整产品价格的决策方法，或以产品成本为参考尺度，并预期产品能够获得的利润水平制定产品的价格等。无论采用何种定价方法进行定价，以成本为基础的定价仍是最基本的方法。因此，要获得一个准确的产品定价，必须首先确保产品成本计算的准确无误，而传统成本核算方法，却很难满足这一要求。

（3）客户营销决策。随着银行竞争的加剧，各商业银行逐渐加强了对客户关系客户盈利能力的研究。然而传统的成本核算方法很难将成本追溯到客户，成了银行进行客户关系管理的瓶颈。因为要进行客户关系管理就要对客户的盈利能力进行分析，分析客户对银行的贡献，对客户的贡献分析就要了解客户的收入和成本，客户的收入是按一笔一笔发生的，可以相对精确地归集到客户，但传统的成本核算方法无法实现对应客户收入所匹配的客户成本的追溯，因此，为商业银行进行客户关系管理增加了难度。

第二节 商业银行作业成本相关文献综述

一、国外商业银行作业成本研究现状

作业成本法（Activity based-costing），即基于作业的成本计算法，是指以作业为间接费用归集的对象，通过资源动因的确认、计量，归集资源费用到作业上，再通过作业动因的确认、计量，归集作业成本到产品或顾客上去的间接费用分配方法。[22]

作业成本管理是以提高客户价值、增加企业利润为目的，基于作业成本法的一种全过程的新型集中化管理方法。它通过作业成本计量，将成本计算深入到作业层次，对企业所有作业活动追踪并动态反映，开展成本链分析，指导企业有效执行作业，并与企业战略规划、预算、绩效管理报告等其他管理要素共同构成一个完整的企业管理体系。

（一）作业成本的研究历程及发展趋势

ABC 的产生，最早可以追溯到 20 世纪杰出的会计大师——美国人埃里克·科勒（Eric Kohler）教授。[23]科勒教授 1952 年编著的《会计师词典》一书中首次提出作业、作业账户和作业会计等概念。在设计作业会计制度时，科勒认为"每项作业都应设置一个账户"，账户的设置应从最低层预算单位开始，一层一层地设置到最高层，从而使作业会计应用到

企业的每一个层次，并实现预算和会计制度的协调一致。1971年，乔治·斯托布斯（George I. Staubus）教授在《作业成本计算和投入产出会计》（Activity and Input－Output Accounting）一书中对"作业""成本""作业会计""作业投入产出系统"等概念做了全面系统的讨论，其最大特点是坚持会计是一个信息系统，"作业会计"是一种和决策有用性目标联系的会计。这是理论上研究作业会计的第一部宝典著作。[24][25] 1988年，集斯托布斯全部观点的新著《服务于决策的作业成本计算——决策有用性框架中的成本会计》（Activity Costing for Decisions：Cost Accounting in the Decision Usefulness）一书问世，引起学术界广泛关注。该书被学者们评价为成本理论经典文献之一。

20世纪80年代后期，随着以MRPII为核心的管理信息系统（MIS）的广泛应用，以及集成制造（CIMS）的兴起，美国芝加哥大学的青年学者罗宾·库珀（Robin Cooper）和哈佛大学教授罗伯特·S. 卡普兰（Robort S. Kaplan）在对美国公司调查研究之后，发展了托斯布斯的思想，提出了以作业为基础的成本计算（Activity-Based Costing，简称ABC），又称作业成本计算。[25]

随后，美国众多大学的会计界和公司联合起来，共同在这一领域展开研究。这期间比较有代表性的著作有：詹姆斯·A. 布林逊（James A. Brimson）的《作业基础成本计算》，彼得·B. B. 特尼（Peter B. B. Turney）的《ABC功效：怎样成功地推进作业基础成本计算》和库伯、卡普兰等通过对八大公司试点报告的加工、整理写成的《推进作业成本管理：从行动到分析》等。

自20世纪80年代末提出ABC以后，会计理论界对ABC研究的兴趣持续高涨，到90年代前期，在英美的《管理会计》（Management Accounting）、《成本管理杂志》（Journal of Cost Management）以及《哈佛商业评论》（Harvard Business Review）、《注册管理会计师杂志》（CMA Magazine）等会计刊物发表的关于ABC研究的论文数以百计。

伴随着作业成本理论的完善,作业成本法也得到了实业界的大力推广应用,由最初的美国、英国、加拿大,迅速地向澳洲、亚洲、美洲以及欧洲等国家扩展;应用行业也从制造业扩展到医疗机构、保险业、物流公司、商业零售业及批发业、服务业、国防工业乃至金融业等领域。[26]~[34]美国管理会计师协会的成本管理组在1997年做的一份调查报告中表明,到1996年为止,美国被调查的企业中已经有49%的企业应用了作业成本法,作业成本信息的用途也在不断丰富,逐渐由原来的产品成本计算向作业成本预算和决策过渡。[35]~[42]据福斯特(Foster)等人研究,ABC应用最重要的决策领域是在确认公司发展机会、产品管理决策和作业过程改进决策方面。

西方研究作业成本制度的权威专家认为,作业成本制度是对传统会计理论和实务的挑战,是对现有观念和概念的扩充和修改。那么,与传统的成本制度相比较,作业成本制度的优点我们可以把西方专家的观点摘述如下:Sephton和Ward等认为,通过识别各项作业的成本以及这些作业同产品之间的关系,管理者可以更清晰地认识到成本在组织中是怎样发生的;[43]Brimson、Cooper、Kaplan、Roth和Borthick等共同认为,作业成本制度能够提高产品成本分配的准确性;[44][45][46]Berliner和Brimson等认为,作业成本制度能为业绩评价提供全面的成本依据;Cooper和Kaplan等认为,作业成本制度能为生产决策提供更多的相关信息;Shank和Govindarajan等认为,作业成本制度能使敏感性分析发挥更大的作用;Johnson认为,作业成本制度可以帮助人们更好的评价那些增值交易与作业;Yoshikawa等认为,作业成本制度使得成本变得清晰可见。

毫无疑问,作业成本计算是比较复杂的,但是在西方,这方面的软件工具已经非常成熟。独立的作业成本核算软件能够从现在的信息系统中抽取相关的作业数据用于成本核算,企业所要做的只是把作业成本软件系统与现行的信息系统建立数据联接。国外的作业成本软件已经进入中国，像 QPR 公司的 Cost Control、SAS 公司的 OROS analyzer。这些软件能够帮助顾客设计成本核算体系，能够集成信息系统的数据，计算出准确的成本信息。

总结以上研究情况，从理论到实务，ABC 的发展经历了三个阶段[47]：

第一阶段，强调产品成本计算，第一次确认了在一个企业中有多种成本动因，并把对成本动因的分析与管理作为成本管理和控制的手段。通过不断改进，消除不增值的成本动因和作业。在此阶段，还没有将企业内外的各成本动因联系起来，工作的重点是资源的最优利用，而不是成本形成的过程。因而，该阶段的作业成本信息不能满足企业长期决策的需要。

第二阶段，该阶段即重视产品成本，又分析成本形成的过程，但此阶段只是局限于内部作业及其成本动因的分析，而未能深入到外部作业及其成本动因的分析。

第三阶段，该阶段中心目标是整个企业，而不是某个作业或特定工序。在这个阶段，重点在于分析考虑企业整个作业链及如何利用辅助作业来取得竞争优势，通过价值链分析，把企业的战略目标与作业管理有机结合起来，具有战略意义。

（二）商业银行作业成本研究现状

20 世纪 80 年代末期，作业成本法才开始应用于服务业。随时会对组织产生影响的关键问题包括：了解产品、服务的盈利能力和资源利用的动态，并能回答诸如：推广什么产品、确定什么价格、选择哪些客户、如何进行营销及绩效考评等问题。

20 世纪 80 年代末期和 90 年代初期，银行业和保险业的盈利能力出现了压力。这意味着，所有的金融机构都比过去更为关注管理和减少成本。它们认识到，作业成本法更适合于通过改善利润和管理成本（而不是随意地增减价格）来获得竞争优势；这种观念会影响到业务的基本结构。作业成本法使银行和保险公司能够获得更为有用的信息，并以此为基础来确定有关定价、产品促销、客户盈利能力、业绩管理和使用分销渠道的重大决策。[48][49]

各学者也对作业成本法在金融服务业的应用进行了探讨，主要观点如下：Mabberley指出，在金融服务业中，对于确定哪些产品或作业耗费了成本来说，作业成本制度是一种相当有价值的工具。[50] Innes和Mitchell也认为，作业成本制度也适用于服务业，因为提供服务与生产实体产品一样，都伴随着许多间接费用的发生，而这些成本多半是与产量无关的。麦肯锡公司的研究表明，银行比一般制造业企业具有更高比例的共同成本，一般的规律是，银行产品经营成本中的50％～80％都可能来自于众多的共同成本项目，其中，15％～20％是管理等间接费用，20％～40％是分销体系和集中的后台业务处理成本，15％～20％是信息数据处理成本。而通过作业成本动因，我们便可以将这些成本与服务联系在一起，因此在确定每种服务的成本时，作业成本制度更为精确。而且，金融服务业的主要特征，与那些迫切需要作业成本制度的制造企业一样：首先，两者都面临高度竞争的市场环境；其次，两者的产品、流程和客户都具有较大的多元性；第三，两者都有较大的间接费用（Overhead）难以分配到某一产品；最后，产品或顾客所应负担的间接费用同产品或客户的数量并不成比例。所以，Sephton和Ward[51]认为，引入作业成本制度，会让金融业成为管理会计发展的前沿领域，并且，也会为采用该制度的金融机构在激烈的竞争中赢得一席之地。

另外，Sephton和Ward认为，作业成本制度并不只是一种计算产品成本的结果，而是一种持续的成本管理过程，既可用于控制成本，也可用于识别投资机会。他们指出金融服务业采用作业成本制度后，在以下几个领域可获得显著改善：首先，作业成本制度可以成为战略管理的一部分，它可以帮助我们更好地理解成本性态（Cost Behaviour），分析盈利能力；其次作业成本制度在某些领域，如预算编制、前景预测及间接费用部门的绩效衡量等方面具有特殊的价值，也大有用武之地。

1994年，对英国联邦60家大型金融机构是否采用作业成本法进行的问卷调查，问卷回收39份（占65%），回收分析情况见表1-1。

表 1-1 调查问卷的分析[52]

Table 1-1 The analysis of questionary

问卷总数	n		%	
有效回卷	31		52	
无效回卷	—		—	
空白回卷	8		13	
	39		65	
不用ABC用户	有效回卷		ABC用户	
	n	%	n	%
银行	6	19	4	13
建房互助协会	5	16	2	7
保险/投资组织	6	19	8	26
	17	64	14	46

调查结果显示17份调查问卷（占55%），说明他们在运用ABC，而且已使用的平均年限为1.8年。另外，调查问卷还显示出各金融机构习惯于把ABC应用于多个领域，表1-2反映了调查对象运用ABC的各个领域，且对应用领域的重要性和成功性进行了说明。

表 1-2 作业成本在金融领域应用表[52]

Table 1-2 Activity-based costing apply in finance

运用领域	占用户的		重要性评价的平均值	成功性评价的平均值
	n	%		
降低成本	16	94	4.4	4.1
产品定价	14	82	4.3	4.1

续表

运用领域	占用户的 n	占用户的 %	重要性评价的平均值	成功性评价的平均值
成本模型	12	71	4.1	3.9
预算	10	59	4.1	3.9
新服务业务的开发设计	10	59	4.0	3.4
产品决策	10	59	4.1	3.9
顾客获利能力分析	9	53	4.8	4.1
绩效考评改进	7	41	4.3	3.5
其他运用	2	12	—	—

注：在平均值中以1分为不重要/失败，5分为非常重要/很成功，按其实际情况得出的评价值。

表1-2表明，ABC向着全面替代现有成本制度的方向谨慎发展，它已被大多数金融机构所认可，并逐渐被采用且取得了相当的成功。

1996年，美国银行管理研究院（Bank Administrative Institute）就美国银行采用作业成本法的情况进行了问卷调查，该调查共向美国最大的250家银行发出问卷，最后有40份返回，这40家反馈银行的资产大约占整个银行业总资产的43%，其中资产在2000万美元之上的银行为21家，在500万~2000万美元的15家，在500万美元以下的有4家。调查结果是约90%的银行正在考虑采用或已经采用作业成本法。[53]

综合西方专家的有关论点和实证研究的结论及以上统计数据，我们可以归纳出作业成本法在银行中的应用主要表现在如下四个方面：用于计算产品成本；用于分析客户盈利能力；用于作业成本管理；用于战略价值管理。下面就这四个方面的应用现状分别进行介绍。

（1）计算产品成本。使用作业成本信息计算产品成本是作业成本信息的最普通的应用。将作业成本信息作为商业银行产品成本计算的基础，不仅适用于计算向外部提供的产品和服务成本，而且也适用于计算内部提供产品和服务的成本。因此，作业成本信息也可以作为银行内各单位之间产品或服务调拨定价的基础，并可使银行管理层对由内部提供服务还是以更低的价格从外部购买服务做出正确决策。目前，有关基于作业成本的商业银行成本核算已经有相关学者进行了大量研究，并在商业银行作业划分、成本动因确定及作业成本核算方面取得了一定的成果，然而少有深入的研究，比如作业的划分只是停留在定性的层次，对商业银行作业的具体划分层次没有进行定量分析，作业成本计算模型也基本上沿用最原始的矩阵式模型。

（2）分析客户盈利能力。作业成本的第二个应用是用来分析产品或客户的盈利能力。因为，目前各银行所面临的重大挑战之一是确定不能盈利的客户关系和产品。银行管理的重心已经从销量目标转向利润目标，所以在确定有限的资源投入方向时，商业银行应该从客户、客户群、产品以及产品组的角度出发，分析利润方程中的各个组成部分（收入、成本和业务），以把那些亏损业务转为盈利业务。过去的几年，国内外学者对基于作业成本的商业银行产品或客户盈利能力分析进行了相应的研究，主要是在基于作业成本计算商业银行产品成本的基础上，利用作业成本对商业银行间接费用的相对精确的分配，使得产品或客户的成本更加精确，从而分析产品或客户的盈利能力。然而在基于作业成本计算商业银行产品时却少有考虑作业成本动因率变动问题，而作业成本动因率是随商业银行业务量、技术水平等因素变化而变化的，是影响商业银行产品成本的关键因素。

（3）开展作业成本管理。银行为了提高或者保持其银行价值最大化的目标，必须以实现短期和长期盈利能力最大化为目标。为了实现这一目标，银行必须能够管理各种资源（人员、技术和资本），以确保使用最小成本实现价值最大化。传统成本管理是把银行划分为多个成本中心，通过编制预算费用来控制每个成本中心的费用支出。而作业成本管理与传统成本管理不同，其特点是完全依据作业成本法下所提供的成本信息来进行成本管理。它关注的是作业，而不是成本中心，依据作业分析和价值分析进行决策。作业成本管理包括营业成本管理、作业预算编制、业绩管理以及一次性成本削减措施。作业成本信息即可以作为前三项管理的定期成本分析基础，也可以作为一次性成本削减措施的基础。一次性成本削减措施需要按作业进行定期成本监控，以确保削减措施产生实实在在的效果。

（4）支持战略价值管理。在改进战术或战略决策以及加强成本控制方面，作业成本信息被认为是一种最有力的工具。这种信息可以使任何银行认识到长期和短期成本动态的影响因素。一般而言，使用作业成本信息进行战略成本管理，所采取的方法是假设推测分析。这种方法特别适合于分析对新产品、新市场或新技术进行投资所带来的影响。通常，战略成本管理具有很强的前瞻性，需要开展这种管理的次数不是很多，银行每年发生的频率往往不超过一次。

另外，在有关对金融业实施作业成本法的研究中，我们不难发现已成功地将作业成本法引入金融业管理中的例子，如香港出口信用保险局（ECIC）、南非标准银行以及英国合作银行等。香港出口信用保险局通过引入作业成本法改进了业务处理程序，应用作业分析的方法有效地实现了成本控制并在削减成本的同时，增加新有服务以满足客户的需求。作为非洲最大的银行——南非银行，其在经营上取得较大成功的因素，除了新的产品及业务的开发，更是因为其具有的富有竞争力的定价体系，而其成功的定价体系则是因为作业成本法的成功运用。

如今许多跨国银行已经采用作业成本法，英国合作银行和南非标准银行等都成功实施了作业成本，对产品进行盈利能力分析，并取得了很好的效果。目前，基于作业成本对银行产品定价和客户盈利能力分析成为银行作业成本研究的热点问题，西方理论界对其进行了探讨，并对银行实施作业成本的步骤及存在的问题也有相应的探索，取得了一定的成果。《西方银行新成本制度——银行实施作业成本的规则与方法》《西方银行新成本案例——银行实施作业成本制度的案例和误区》及《银行作业成本制度实施规则与方法》等著作对西方商业银行的实施作业成本制度进行了详细的论述，为银行实施作业成本奠定了基础。但是基本处于定性研究的阶段，还没有形成系统完善的定量分析模型，且实施上还存在着一些问题。[54]~[58]

二、ABC 在我国的研究现状及发展

自 20 世纪 80 年代末美国 ABC 研究兴起不久，余绪缨[59]教授便在《当代财经》杂志发表文章向国内介绍 ABC。中国于 20 世纪 90 年代中期开始引进作业成本法，近年来我国的理论界对其做了大量的研究，比较有代表性的著作有王平心的专著《作业成本计算理论与应用研究》、刘希宋教授等的专著《作业成本法：机理、模型、实证分析》等。[22][60]因此，在国内作业成本法的理论体系已经基本成型，然而作业成本的应用却并不理想。目前，关于作业成本法的应用，理论界大都考虑的是制造业，而对作业成本法在服务业，尤其是银行中的应用还只是在初步探讨阶段。大量资料表明，尽管从 20 世纪 90 年代中后期就有人提出在商业银行中应用作业成本法，但发展至今，对银行作业成本的研究基本还停留在其作业成本的核算监督上，极少对基于作业成本的银行产品定价及客户盈利能力分析进行研究，对作业成本支持战略决策也没有形成系统研究。[61]~[66]因此，本书的研究将丰富作业成本法的应用研究领域，不但使得商业银行作业成本法研究更加深入，而且对整个服务业应用作业成本法的研究也有一定的借鉴意义。

三、目前存在的问题

通过以上对国内外文献的回顾可以看出，作业成本法在商业银行应

用的优越性和可能性已被普遍认可，相关专著和文章也对其进行了理论和应用探讨。其中，国外的理论和实践探讨比较深入，研究的角度也比较广泛，包括理论研究、银行实践等，还有相关专著对其进行了系统综述。探讨的主要内容包括：银行作业成本制度的计算原理、银行作业成本制度的主要作用、作业成本制度的全套实施方案、实施中的主要问题、作业成本的用途及作业成本应用案例等。相比而言，国内关于银行作业成本的探讨，无论从理论上还是实践上都比较少，理论上的研究表现为少有的几篇硕士学位论文和杂志上的一些文章，主要集中于银行作业成本核算问题，且基本观点以借鉴翻译国外的内容居多；实践上更是缺乏，目前我国商业银行还没有成功应用作业成本法的案例，只有少数银行对其进行了探讨，并未加以实施。

四、文献综述小结

从以上文献综述分析中可以发现，目前商业银行作业成本研究至少存在以下问题尚未解决：

（1）国外对商业银行作业成本研究主要侧重于作业成本的计算和降低，而对作业成本支持决策还没有形成系统研究，且多数都是定性的研究，没有形成系统的定量模型，进行定量研究。

（2）国内商业银行基本没有实施作业成本，学术界对此也少有深入研究，出版著作基本为西方商业银行作业成本管理模式，没有针对中国商业银行的特点进行系统研究。而我国商业银行有自己的特征，在业务类型、人员、技术等方面和西方银行都有很大的区别。因此，在应用西方银行作业成本制度时还有待进一步研究。

（3）激烈竞争的今天，银行产品定价及产品盈利能力分析已成为银行亟待解决的问题之一，作业成本可以用来辅助产品定价、产品盈利能力分析及产品组合决策，而目前国内在这方面还没有形成系统的研究。

(4) 客户或客户群的盈利能力分析已成为银行业研究的重点问题之一，而在客户分类的基础上，利用作业成本对银行客户（客户群）进行盈利能力分析还少有研究。

(5) 为提高竞争力，银行业出现了并购浪潮。因此，银行的规模经济就成为银行界关注的问题之一，目前，国内学者利用经济学等原理对银行规模经济及范围经济进行了研究，并取得了一定的成果，然而对基于作业成本的银行经营决策的问题还没有进行深入探讨。

第三节　本书研究的目的、意义、方法及技术路线

一、本书研究的目的

(1) 结合我国商业银行的特点，分析各种作业成本计算模型的优缺点及适应性，对商业银行作业成本核算模型进行探讨，为我国商业银行进行决策模型构建奠定基础。

(2) 分析作业成本动因率确定模型，构建作业未用能力及资源价格变动的作业成本动因率计算模型。结合作业成本本量利分析模型建立商业银行产品盈利能力分析模型和商业银行产品组合决策优化模型，为商业银行进行产品盈利分析及产品决策提供理论支持。

(3) 针对商业银行产品的收入（成本）特点，构建商业银行产品价格底线测算模型，该模型引入货币时间价值概念，采用全面成本管理思想对商业银行产品价格底线进行科学测算，并分析影响商业银行产品价格的因素及产品定价目标和定价策略，为商业银行进行合理定价奠定理论基础。

(4) 将客户终身价值理论引入商业银行客户营销决策，提出商业银行客户终身价值评价指标体系，运用作业成本法对商业银行客户进行全面成本核算，构建商业银行客户当前价值测算模型，并采用拟合方法对商业银行客户未来利润进行模拟，以此为基础对商业银行客户进行终身

价值评价。

二、本书研究的意义

（一）理论意义

本书从作业成本的研究出发，试图在作业成本计算及作业成本降低的基础上对作业成本支持决策进行详细研究，建立基于作业成本的银行产品定价、产品组合决策模型及客户盈利能力分析模型，以期对作业成本在银行业的研究起到抛砖引玉的作用。

（二）现实意义

（1）商业银行是国家经济中最为重要的金融机构之一。尤其在我国以间接融资为主的金融系统中，它占据举足轻重的地位，因为银行业的稳定和发展是维护一国金融乃至经济健康发展的基础和保障。而商业银行经营管理的好坏又直接决定银行业的稳定和发展，因此本书以商业银行的经营管理为主题，对于提高我国商业银行竞争力、改善经营管理水平、维护国家金融秩序的稳定以及促进我国经济健康、持续和快速发展都具有重要现实意义。

（2）随着科技的进步和网络的快速发展，全球化已成为世界金融发展不可阻挡的趋势。而银行竞争优势主要表现在成本与技术领先，降低成本是企业管理的永恒主题。在传统的成本和管理会计体系中，已经有了相当多的成本核算和控制方法，比如标准成本、零基预算、弹性预算、盈亏平衡分析等。这些成本分析与控制方法所用到的成本，就其实质目的而言，主要是财务会计的需要。这样的成本模型对于在成本决策的同时考虑生产或者能力与资源计划的综合性决策问题就无能为力。在成本问题中，决策者使用什么样的成本模型，在某种程度上决定了成本决策的结果，不管是在决策的精确性、相关性，还是在整体性、生产可行性上，都会有很大不同。就具体的成本与利润模型而言，目前关于成本决策方面的研究大多使用的还是传统的成本模型——基于简单成本动因、成本与作业流程无关。这样的成本建模由于传统成本方法固有的缺陷而造成它的不完善。比如成本计算不准确、不能深入到生产流程内部等。当进一步考虑生产系统中的动态随机因素、能力扩张或者资源计划时，将发现如果单纯使用传统成本会计的成本模型，会造成很多不便。研究表明，作业成本法（Activity Based Costing，ABC）是改善这种状况的较好选择。

（3）随着银行业的全面开放，我国商业银行不仅要面临国内同业之间的激烈竞争，而且要应对国外资金实力雄厚、管理水平优良的外资银行的严重挑战。在日益激烈的竞争环境下，如何提高我国商业银行经营管理水平，改善我国商业银行的业绩，已成为我国商业银行管理者亟待解决的问题。

三、本书的研究方法与技术路线

首先，在研究基础作业成本核算模型的基础上，应用数学分析方法对作业分解的粒度进行了探讨，并采用层次分析法对作业成本动因的确定进行了论述，然后研究了基于过程的商业银行作业成本计算模型。在此基础上，结合作业的未用能力及价格变化对作业成本动因率的影响，并构建了作业成本动因率计算模型，基于作业成本动因率计算模型，本书研究了商业银行产品盈利能力问题和产品组合决策问题；考虑到商业银行产品收入和成本的特殊性（收入和成本非一次性发生，而是现金流形式），笔者分析了货币的时间价值，在基于作业成本的产品经营成本分析的基础上，采用折现的方法对商业银行产品定价模型进行了研究；最后，基于客户的终身价值理论，构建了客户终身价值评价指标体系，并运用层次分析、模糊综合评判等方法对客户终身价值进行了量化，为商业银行进行客户营销决策奠定了基础。具体研究路线如图1-1所示。

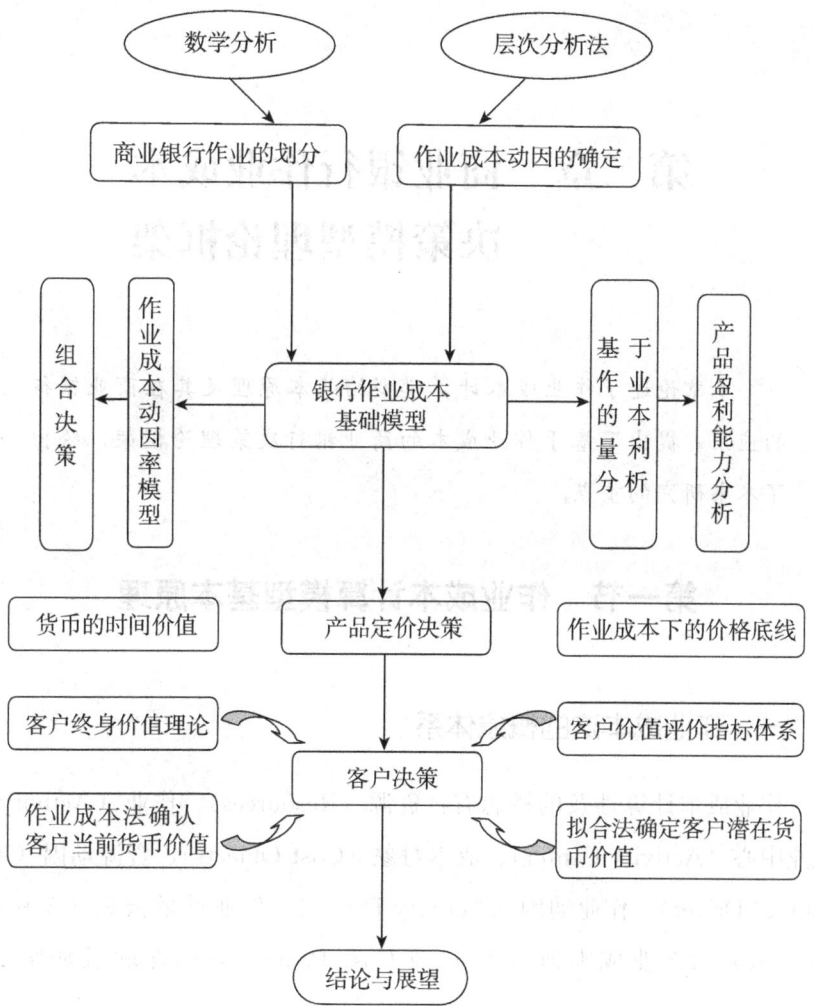

图 1-1 商业银行作业成本经营决策研究技术路线图

Fig. 1-1 The technical line of commercial bank manage decision-making

第二章 商业银行作业成本决策模型理论框架

本章论述了作业成本计算模型的基本原理及其在商业银行的应用，提出了基于作业成本的商业银行决策理论框架，给出了本书研究的重点。

第一节 作业成本计算模型基本原理

一、作业成本法的概念体系

作业成本计算涉及的概念有：资源（Resources）、作业（Activity）、作业中心（Activity Center）、成本对象（Cost Objects）、资源动因（Resources Driver）、作业动因（Activity Driver）、作业计量指标（Activity measure）和作业成本池（Activity Cost Pool）。其内在联系如图 2-1 所示。[55]

（1）资源（Resources）：资源是成本的源泉，一个企业的资源包括有直接人工、直接材料、生产维持成本（如采购人员的工资成本）、间接制造费用以及生产过程以外的成本（如广告费用）。资源成本信息的主要来源是总分类账，它提供诸如企业今年支付了多少工资，计提了多少折旧，应支付多少税等信息。

（2）作业（Activity）：作业是企业为提供一定数量的产品或劳务而消耗人力、物力、技术、智能等资源的活动，作为资源和产品成本中介

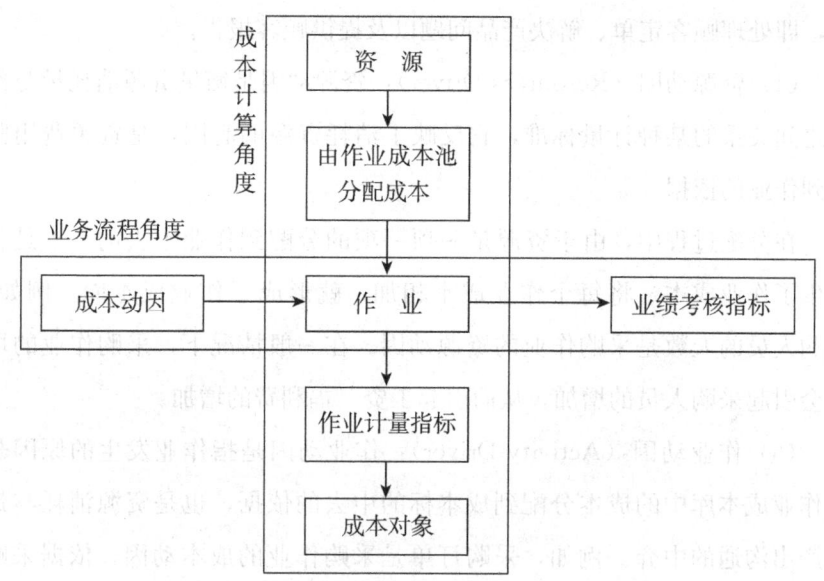

图 2-1 作业成本相关概念关系图

Fig. 2-1 The relationship of activity-based costing conceptions

的作业具有以下三个基本特征：

① "作业"是一种资源的投入和另一种效果产出的过程。在这种活动中，它要投入资源，实现活动目的。例如：设计产品要投入智能、技术、工具和低值易耗品等，产出的是产品设计图纸。又如：检查产品质量投入的是技术、方法、时间，产出的是经过检查的合格产品或不合格产品、废品等。

② "作业"活动贯穿于经营的全过程。产品从设计到最终销售出去是通过各种作业的实施来完成的。没有作业的实施，经营活动就无法开展。

③ 作业是可以量化的，即作业可以采用一定的计量标准进行计量。

（3）作业中心（Activity Center）：作业中心是相关作业的集合，它提供有关每项作业的成本信息，每项作业所耗资源的信息以及作业执行情况的信息。

比如，顾客服务部门就是一个作业中心，它包括支持顾客的三项作业，即处理顾客定单、解决产品问题以及提供顾客报告。

（4）资源动因（Resources Driver）：资源动因是衡量资源消耗量与作业之间关系的某种计量标准，它反映了消耗资源的起因，是资源费用归集到作业的依据。

在分配过程中，由于资源是一项一项的分配到作业中去的，于是就产生了作业成本。将每个作业成本相加，就形成了作业成本库。例如，采购人员的人数是采购作业的资源动因。在一般情况下，采购作业的增加会引起采购人员的增加，从而引起工资、福利费的增加。

（5）作业动因（Activity Driver）：作业动因是指作业发生的原因是将作业成本库中的成本分配到成本标的中去的依据，也是资源消耗与最终产出沟通的中介。例如，采购订单是采购作业的成本动因，依据采购订单的数量可以将作业成本分配到成本标的中去。

（6）作业计量指标（Activity Measure）：用于评估作业的单位成本的要素，该要素进一步用于计算该作业对一项成本对象的成本贡献，它是一种量化的计量单位，被用做作业层面的替代品。

（7）成本对象（Cost Objects）：任何需要单独计量成本的流程、产品、服务、顾客、车间、单位、项目或其他工作目标。它是成本分配的终点，分配到产品或顾客的成本反映了成本对象消耗的作业成本。

（8）成本要素（Cost Elements）：是指作业和作业成本库所消耗的资源的数量。如电力成本、工程成本、折旧费，也可以是在作业成本库中机械作业的成本要素。

二、作业成本法的计算原理

ABC 计算法的原理建立在以下两个前提之上：一是作业消耗资源；二是产品消耗作业。根据这两个前提，作业成本计算法的基本原理可以概括为：依据不同的成本动因先分别设置成本库，然后分别以各种产品所耗费的作业量分摊其在该成本库中的作业成本，最后分别汇总各种产品的作业总成本，计算各种产品的总成本和单位成本。

由此可见，作业成本计算法将着眼点放在作业上，以作业为核算对象，依据作业对资源的消耗情况将资源的成本分配到作业中去，再由作业依据成本动因追踪到产品成本的形成和积累过程，由此得出最终产品成本。其过程如图 2-2 所示。[22]

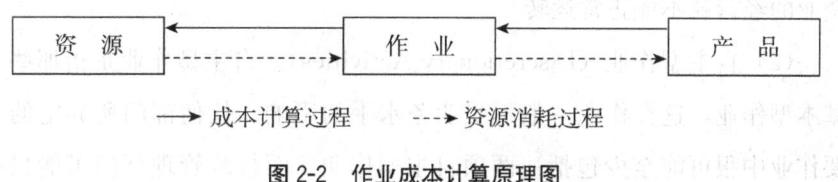

图 2-2　作业成本计算原理图

Fig. 2-2　The calculation principle of activity-based costing

（一）作业的划分

1. 作业的分类

不同学者从不同角度对作业进行了分类。[67]~[73] 经典的分类方法是按照作业层次关系，Cooper 和 Peter B. Turney 将作业分为以下四类[74][75]：

单位级作业（Unit Level Activity）。单位级作业是指使单位产品或顾客受益的作业，其作业成本与产量（或重量、长度等产品属性）成正比例变动。

批别级作业（Batch Level Activity）。批别级作业是指一批产品或顾客均受益的作业，其作业成本与产品的批次数量成正比。

产品级作业（Product Level Activity）。产品级作业是指某种能够使产品或顾客的每个单位都受益的作业，把这一概念扩展到工厂以外则有顾客水平作业，该工作能够使公司完成向个别顾客销售，这些工作与产品的产量和批数无关，但与产品的种类数成正比例变动。

支持级作业（Sustaining Level Activity）。支持级作业是指为维持企业正常生产，而使所有产品都受益的作业，其作业成本与产品的产量、批次和品种无相关关系，与企业整体生产经营活动有关。

另外，以作业对企业价值变动的影响为分类标准，可以将作业分为以下四类[76]：

(1) 基本型作业（Fundamental Activities）。基本型作业是指企业必须进行的作业，这可能是法律的要求。也可能是因为不进行这些作业，企业的经营就不能正常运转。

(2) 自主型作业（Discretionary Activities）。自主型作业是指那些非基本型作业，这类作业一般不受业务水平的影响。任何部门所界定的主要作业中很可能至少包括一两项自主型作业。而行政管理部门可能只有一两项基本型作业，而其余的作业划分为自主型作业。

(3) 维持性作业（Sustaining Activities）。维持性作业是指那些与产品或服务不相关的作业。进行维持性作业的目的是为了维持企业的运行。

(4) 营业性作业（Operational Activities）。营业性作业是指那些与产品或服务直接相关的作业。营业性作业也可分为基本型作业和自主型作业两种。对营业性作业的具体分类将会从某种程度上决定作业分析的效果。

2. 作业划分的方式

作业划分通常有以下三种划分方式[77][78]：

(1) 自上而下定义作业。这种方式是站在企业高层角度向下审视和定义作业。采用这种方式划分作业，可以广泛地收集组织流程资料，并将它们分解到所需要的详细程度。其特点是划分的作业较少，作业定义范围较宽，适合于建立作业系统的主要目的是为公司决策层提供战略信息的企业，对于作业改进意义不大。

(2) 自下而上定义作业。这种方式开始于和经理、员工的交谈，判断他们所做的工作，并以此作为定义作业的基础，划分顺序与自上而下

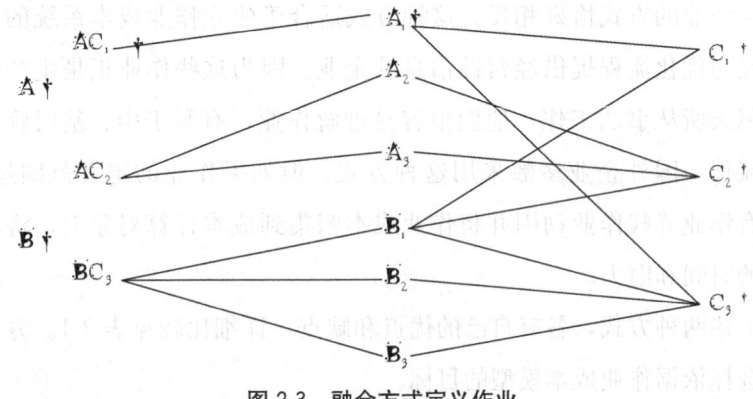

图 2-3 融合方式定义作业

Fig. 2-3 The defining activity by consociation method

3. 定义作业的方法

把资源费用和引起资源消耗的动因联系起来的方法有两种：

一是调查表法。这是通过向全体员工发放调查表，分析归纳调查表来确定主要作业的方法。

二是座谈法。这是与调查者面对面交谈的方法，这种方法主要用于从部门经理了解信息，整体确认一个部门的作业。

(二) 成本动因的选择问题

根据作业成本计算方法的基本原理可知，成本动因的选择极为重要，必须审慎考虑。在选择成本动因时，必须遵循以下原则[79]~[83]：

(1) 成本效益原则。作业成本计算方法要运用大量的作业成本动因，以便能提供对决策更为有用的信息，继而带来经济效益。但是作业成本动因的选择要求计量各种产品所占的份额。如将生产调整准备时间作为作业成本动因，就要求计量被每种产品所消耗的生产调整准备时间，而这种计量可能是很困难的，故成本较大，且不能保证一定能被其所带来的经济效益所抵消。从信息经济学角度看，在决定是否选择某个作业成本动因时，必须运用成本效益原则。

当选定某个成本动因所带来的经济效益大于因选择该作业成本动因而增加的相关成本时，就应该选择该作业成本动因；反之，应放弃该作业成本动因。

（2）相关性原则。作业成本动因与间接资源成本的相关程度越高，该作业成本动因就越应该被选择。在确定该相关程度时，可以采用以下两种方法。

第一种，经验法。该法是指各相关部门经理依据其经验，对一项作业中可能的作业成本动因做出评估。假定最有可能成为首选作业成本动因的，其权数为5；可能程度属于中等者，其权数为3；可能性较小者，其权数为1。然后将各作业经理给定的权数加权平均，算出各作业成本动因的权数，取其最高者作为首选作业成本动因。

第二种，数量法。该法是指利用数理统计的理论，比较各作业成本动因与间接资源成本之间的相关程度，选择相关程度较高者为作业成本动因的一种方法。

（3）重要性原则。重要性原则是指在选择作业成本动因时，要尽量选择引起企业费用变动的重要方面。对于企业费用变动影响不大或根本没有影响的方面，可以少选或直接不选。

ABC设计者在把资源费用分配到作业成本库或把作业成本分配到成本标的时，重要而困难的问题是如何恰当地选择成本动因以便真正反映资源耗费与具体作业、成本发生与成本标的之间的因果关系。本书认为，影响作业成本动因选择的因素主要有ABC的目标、实行成本、成本精确度要求、作业的相对成本、行为导向、相关程度等。

（1）ABC目标。如果实施ABC的目标是战略决策，那么需要选择与战略决策相关的成本动因。这时通常采用"由上而下"确定作业的方法，其特点是作业口径较粗，作业动因数目较少。如果实施ABC的目标包括管理控制，通常采用"由下而上"的方法，其特点是确定的ABC系统较复杂，作业比较细，相应的作业动因的数目较多。

（2）实行成本。作业成本动因选择要考虑 ABC 实行成本。根据成本效益原则，实行成本越低的作业成本动因越容易被选中。获得成本动因数据越方便、成本动因信息资料的加工处理越简单，则实行成本越低，就越容易被选中。例如，在传统会计系统中已经存在的直接工时、机时等作业成本动因。方法的选择也要考虑成本效益原则。确定作业成本动因的方法有经验法、回归法、测量法等。若三种方法都能满足精确度的要求，那么较好的方法是经验法，因为经验法的实行成本最低。

（3）成本精确度要求。成本精确度是指某种会计方法计算出的产品成本和实际成本之间的差异程度。产品成本精确度的大小取决于市场的竞争程度，而产品成本精确度与企业生产的产品种类数量有直接关系。高精度的产品成本要求较多的作业动因，较多的作业动因决定了其选择基础——资源动因的细分，即更多的资源动因。

（4）作业的相对成本。某作业的相对成本指该作业消耗的作业成本占生产过程成本的比例。通常，作业的相对成本越高，使用一个有缺陷的作业动因跟踪作业成本至产品成本的扭曲越大。因此，作业相对成本越高的产品，其作业成本动因的选择应越谨慎，选择的作业成本动因种类也越多。

（5）行为导向。行为导向指通过科学地设置资源动因，达到提高部门和员工的成本意识并影响其经济行为的管理思想和方法。例如，日本公司大多数采用直接人工为基础分摊制造费用，目的是为了降低昂贵的人工投入在产品成本中的比例。同样，如果选择零部件种类为资源动因，则有利于鼓励设计人员尽量采用标准件，而放弃过多使用专用件，从而降低生产专用件的高额成本。

（6）相关程度。相关程度指资源动因与相关资源费用的关联程度。关联程度越高的资源动因越容易被选择。例如，不同设备出厂前需要的试验时间有显著差异性，那么用试验时间作为分配试验动力费的资源动因，比用实验次数的相关性高得多。因此，应选择试验时间作为资源动因。

(三）成本计算法的基本步骤

根据上述基本原理，作业成本计算法的基本步骤如下：

（1）确认主要作业和作业中心。一个作业中心就是生产程序的一部分。例如，检验部门就是一个作业中心。按照作业中心披露成本信息，便于管理当局控制作业，评估业绩。

（2）将归集起来的投入成本或资源分配到每个作业中心的成本库中，每个成本库代表的是它所在的那个中心执行的作业。这一步骤的成本动因是确认每个成本中心的资源耗用量。这一步骤的分配工作，反映了作业成本计算法的基本前提：作业量的多少决定着资源的耗用量，资源耗用量的高低与最终的产出量没有直接的关系。这种资源消耗量与作业量的关系就是"资源动因"。"资源动因"是这一步骤的分配工作的基础。例如，当检验部门被确认为一个作业中心时，"检验小时"就成为一个资源动因。此时，许多与检验有关的成本都被归集到消耗该项资源的作业中心。

（3）将各个作业中心的成本分配到最终产品或产出劳务上，即将成本库中的费用按各产品消耗的作业量的比例分配到各产品中去。例如，抽样检验作业的成本动因是生产的批次，组装作业的成本动因是直接人工小时。这一步骤的分配工作反映了作业成本计算法的基本前提——产出量的多少决定着作业耗用量。这种作业耗用量与产出量之间的关系就是"作业动因"。作业成本计算法的上述基本步骤如图 2-4 所示。[84]

三、作业成本计算模型

从作业成本的诞生到发展应用，其计算模型也在不断改进。由于最原始基本矩阵模型计算量较大，在没有计算机集成计算的时代，该计算模型阻碍了作业成本的发展和应用。因此一些专家学者对作业成本模型改进进行了探讨,将基本矩阵模型进行变形,从而得出比较数学模型、分解式模型、基于生产函数的作业成本模型、分步式作业成本模型及基于生产过程的作业成本模型等,下面对各模型的基本计算原理进行相关论述。

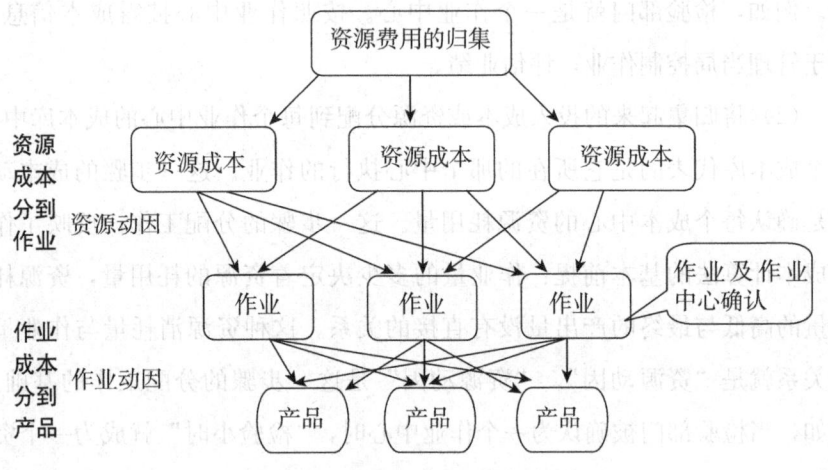

图 2-4 作业成本计算的基本步骤

Fig. 2-4 The calculation process of activity-based costing

(一) 基本矩阵模型[85]

产品成本是生产产品所需要的各个作业的成本之和,而作业成本是作业消耗资源的数量与单位资源费用之积,或者说是资源动因的数量与动因成本分配率之积。由此可以设计作业成本计算数学模型如下:

设某厂商生产 m 种产品,整个企业的生产过程中有 n 种作业,列向量 $C = C_1, C_2, \cdots, C_m$ 表示产品成本,矩阵 $D = \begin{bmatrix} d_{11} & d_{12} & \cdots & d_{1n} \\ d_{21} & d_{22} & \cdots & d_{2n} \\ \vdots & \vdots & \ddots & \vdots \\ d_{m1} & d_{m2} & \cdots & d_{mn} \end{bmatrix}$ 表示

产品消耗作业的数量；矩阵 $R = \begin{bmatrix} r_{11} & r_{12} & \cdots & r_{1s} \\ r_{21} & r_{22} & \cdots & r_{2s} \\ \vdots & \vdots & \ddots & \vdots \\ r_{n1} & r_{n2} & \cdots & r_{ns} \end{bmatrix}$ 表示单位作业消耗的资源量，矩阵 $P = (p_1 \quad p_2 \quad \cdots \quad p_s)^T$ 表示单位资源的费用，则有：

$$C = DRP \quad (2\text{-}1)$$

这是一种最基本的模型，或者说是经典模型。但由式（2-1）我们可以看出此经典模型涉及到的量比较多。对于一个生产多种产品，拥有多种作业的企业来说手工计算根本就是不可能，也是不现实的。即使借助于计算机辅助计算，此模型的计算时间也相当长，有可能不符合"成本—效益"原理。于是需要对模型进行进一步的改进。

实际上在作业成本法的应用和研究中可能会对该模型进行不同的变形和改进，下面介绍几种一些学者从不同角度建立的作业成本模型。

（二）比较数学模型[86]

我们用 $DE_i = \sum r_j d_{ij}$ 来表示上述产品作业成本，其中 d_{ij} 为 i 产品消耗 j 成本库的成本动因量，r_j 为 j 成本库的成本动因率。因此，式（2-1）可以改进为：

$$\begin{bmatrix} DE_1 \\ DE_2 \\ \vdots \\ DE_m \end{bmatrix} = \begin{bmatrix} d_{11} & d_{12} & \cdots & d_{1n} \\ d_{21} & d_{22} & \cdots & d_{2n} \\ \vdots & \vdots & \ddots & \vdots \\ d_{m1} & d_{m2} & \cdots & d_{mn} \end{bmatrix} \begin{bmatrix} r_1 \\ r_2 \\ \vdots \\ r_n \end{bmatrix}$$

由于上式符合运筹学中的线性最有组合规划模型，为采用线性规划和模拟方法，将上式右半部分展开如下：

$$\begin{cases} DE_1 = d_{11}r_1 + d_{12}r_2 + \cdots + d_{1n}r_n \\ DE_2 = d_{21}r_1 + d_{22}r_2 + \cdots + d_{2n}r_n \\ \quad\vdots \\ DE_m = d_{m1}r_1 + d_{m2}r_2 + \cdots + d_{mn}r_n \end{cases}$$

上述模型中每一个产品所消耗的某一成本库的成本动因量可以直接得到，每个成本库的总成本动因量也可直接得到。因此，运用此模型时首先假设成本库的成本动因率是未知的，从而得到以下优化组合模型：

$$\begin{cases} d_{11}r_1 + d_{12}r_2 + \cdots + d_{1n}r_n \leqslant DE_1 \\ d_{21}r_1 + d_{22}r_2 + \cdots + d_{2n}r_n \leqslant DE_2 \\ \quad\cdots\cdots \\ d_{m1}r_1 + d_{m2}r_2 + \cdots + d_{mn}r_n \leqslant DE_m \\ r_1, r_2, \cdots, r_n \geqslant 0 \end{cases}$$

此模型的解法主要是运用运筹学中通常应用的单纯形法，但也需要用优化组合软件加以解决。但该方法可以得出作业成本最小情况下的各成本动因率，将得出的最小成本动因率与原成本动因率进行比较，可以找出重点分析的成本库，从而为提高效率，降低成本奠定基础。

（三）分解式模型

分解式模型是将作业的变动部分和固定部分分别考虑的作业成本核算模型，分解的形式是假设生产系统生产 m 种产品，共消耗 n 种作业，且设：

$C = (C_1, \ C_2, \ \cdots, \ C_m)^T$ 表示各产品的成本；

$X = (x_1, \ x_2, \ \cdots, \ x_n)^T$ 表示各作业的总量；

$CA = (CA_1, \ CA_2, \ \cdots, \ CA_N)^T$ 为各自作业的总费用。

按照成本性态分析，某作业对应的成本分为固定与变动两部分，即无论什么方式导出作业总成本表达式，它们最后均可写成：$CA_f = CF_j + k_j f_j(x_1, x_2 \cdots, x_n)$ 的形式。考虑最一般也是最常见的情形：$CA_j = CF_j + $

$k_j x_j$，其中 CF_j 为固定部分，k_j 为单位作业变动成本费用率。

又设 x 表示产品 i 消耗的作业的数量，则产品 i 在作业 j 上发生的费用为：

$$CA_{ij} = CA_j \frac{x_{ij}}{x_j} \tag{2-2}$$

于是产品 i 的总成本为：

$$C_j = \sum_{j=1}^{n} CA_{ij} = \sum_{j=1}^{n} (CF_j + k_j x_j) \frac{x_{ij}}{x_j} \tag{2-3}$$

（四）基于生产函数的作业成本模型

从生产函数的角度，可以建立另外一种作业成本模型。[87]设生产区有 m 个作业，服务区有 p 个作业。生产区作业要涉及从 1 到 n 个节点（部门），服务区作业要涉及从 $n+1$ 到 z 个节点。各节点的能力限制用 $b_i (i = 1, 2, \cdots, z)$ 来表示。在生产区，作业动因为各作业的生产量，用 $x_j (j = 1, 2, \cdots, m)$ 来表示。在服务区，各作业的作业动因可能不相同，用 $y_k (k = 1, 2, \cdots, p)$ 来表示。用 a_{ij} 和 a_{ik} 分别表示生产区和服务区的生产系数。作业 j 的变动成本系数用 v_j 表示，生产区的固定成本用 F_{dir} 表示。在会计计算之前，最重要的是为服务区的各项作业 k 准确地估计一个作业费用率 f_k，服务区的其他固定成本用 F_{ind} 表示。因为服务区的作业成本的大部分在短时期呈固定成本的性质，所以作业成本法首先要确定单位作业动因的固定成本（折旧费用），而且假定这个固定成本与 y_k 是成比例的。

从而得产品 j 的单位成本表达式为：

$$s_j = \frac{K_j}{x_j} = v_j + \frac{F_{dirj}}{x_j} + \sum_{k=1}^{p} f_k a_{jk} + \frac{F_{indj}}{x_j} \tag{2-4}$$

该模型从生产函数角度对作业成本进行理论探讨，但实际应用比较困难。基于该模型，有些学者进一步考虑生产系统的随机因素，建立了作业成本随机模型。[88]在作业成本实务上，有些作业成本软件也对基本理论进行了很大的改进，以解决诸如间接资源的分摊问题。[89]

（五）分步作业成本计算模型

分布作业成本计算法认为流程工业企业各个生产工序紧密相连，生产产品所执行的各项作业之间形成了一种链式结构，就是企业的作业链。因此，作业成本核算需要采用逐步结转的方法分步进行作业及产品成本计算。在成本计算时需要按照作业链的关系，从前向后依次计算各个作业的作业成本和各个作业所产生的半成品成本或产品成本。

具体在对流程工业的产品成本采用作业成本法计算时，首先要将企业的生产经营过程分为两大部分：一部分是生产部门，另一部分为支持部门。对于生产部门，根据生产工艺流程，采用一定的方法将企业的生产过程划分为若干作业或作业中心，建立作业链，并按照生产特点和管理要求划分作业级次，从而设定作业成本计算的步骤，进而进行成本核算。分步作业成本计算原理如图 2-5 所示。[90]

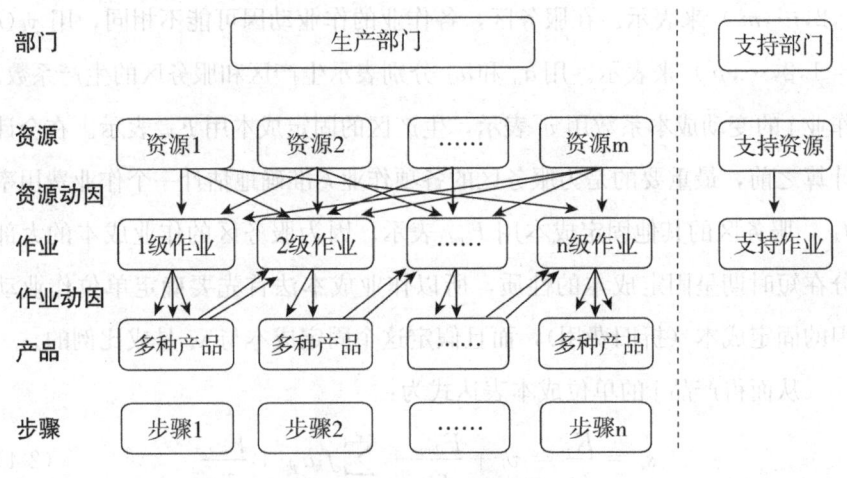

图 2-5 分步作业计算简图

Fig. 2-5 Simplified Activity-Based Process Costing Model

（六）基于过程的作业成本模型[91]

基于过程的作业成本模型认为经典作业成本模型一般是整理所有生产数据，按照作业节点和产品逐个将生产作业数据汇总，最后得到作业消耗量。因此在模型中，看不到生产系统结构因素，如投入产出关系、前后节点关系以及生产系数等。如果从会计角度使用 ABC，这样或许也就足够了，但如果想从作业成本管理的角度来研究作业成本决策时，经典模型就显得有点力不从心了。

基于过程的作业成本模型不光计算成本，还反映了作业节点之间的关系。设生产系统有 n 个作业中心，每个作业中心只产出一种生产要素，总体作业流程结构如图 2-6 所示。

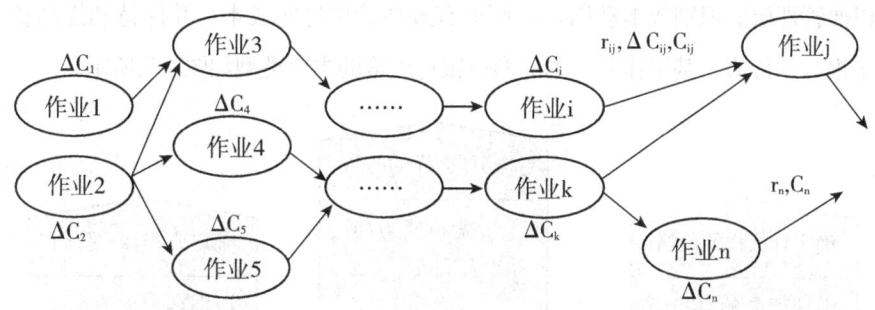

图 2-6　基于业务流程的作业成本计算过程

Fig. 2-6　The process of activity-based costing based on business process

设 r_i 表示 i 节点的产出量，r_{ij} 表示 i 节点到 j 节点的生产要素流量。a_{ij} 表示 i 节点到 j 节点的生产系数，θ_j 表示单位要素 j 应该消耗的 i 的作业量，称为作业系数。v_i 表示单位作业 i 的成本分配率。各个作业节点对生产系统的增量为 ΔC_i，要素从 i 节点带入 j 节点的成本增量为 ΔC_{ij}，再定义，为获得生产要素 i，生产系统总共消耗的作业成本为 C_i（称为累积作业成本），生产要素从 i 节点总共带入 j 节点的作业成本为 C_{ij}，于是基于流程的作业成本模型中各节点增量成本为：

$$\Delta C_i = \theta_i r_i v_i \tag{2-5}$$

$$\Delta C_{ij} = \theta_i r_{ij} v_i = \theta_i a_{ij} r_i v_i \tag{2-6}$$

从而得产品的单位累积成本为:

$$\hat{C} = \frac{C_i}{r_j} = \frac{\sum_{i=1}^{n} C_{ij} + \Delta C_j}{r_j} = \frac{\sum_{i=1}^{n} C_i \frac{r_{ij}}{r_i}}{r_j} + \frac{\theta_j r_j v_j}{r_j} = \sum_{i=1}^{n} \hat{C}_i a_{ij} + \theta_j v_j \tag{2-7}$$

第二节 基于作业成本的商业银行决策理论框架

作业成本法通过分析银行内所有部门的作业来为决策提供重要信息。其目标是弄清银行内各种成本的习性,并将运营成本和维持性成本联系起来,以便管理层能识别成本动因,从而更有效地管理这些成本,并保持和提高整个银行的价值。基于作业成本的商业银行决策的主要类型如图 2-7 所示。

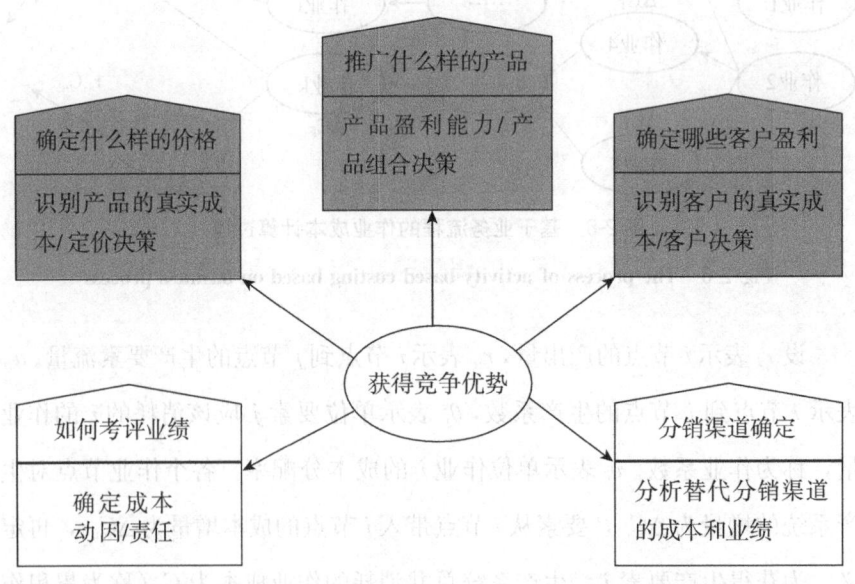

图 2-7 商业银行决策的主要类型

Fig. 2-7 The principle style of commercial bank decision

虽然商业银行的经营决策包括：产品决策、定价决策、客户决策、业绩评价和分销渠道决策，但就目前来说，银行比较关注的是哪些产品可以盈利、什么样的价格既能盈利又具有竞争力及哪些客户是优质客户等问题，当然银行的绩效考核和分销渠道确定问题也是银行的重要决策问题，由于篇幅及个人能力限制，本书只对商业银行的产品组合决策、定价决策和客户盈利能力问题进行探讨。

对于基于作业成本的决策问题，西安交通大学王平心教授对基于作业成本的经营决策、基于作业成本的购买/制造决策、基于作业成本的产品组合决策、基于作业成本的定价决策及基于作业成本的其他决策等理论进行了探讨。[22]本书结合商业银行的特点从商业银行产品组合决策、定价决策和客户决策三个方面进行了研究。

一、基于作业成本的产品决策

产品决策讨论的主要问题是经营什么产品/服务、产品/服务的规模怎样，这是银行日常经营决策的主要内容。下面根据作业基础成本法提供的信息讨论银行各产品的盈利问题及如何科学的进行产品组合决策。

（一）基于作业成本的产品盈利能力决策

商业银行进行经营决策时首先要考虑各产品的盈利能力，确定哪些产品是盈利的，对商业银行贡献较大，哪些产品盈利较小，甚至是亏损的。然后分析产品不盈利的原因，找到相应解决方法，最后针对不同的产品提出相应的营销决策。

本书对作业成本本量利模型进行了详细分析，探讨了基于作业成本的盈亏平衡分析模型，通过求解各作业的最大边界得到某产品的盈亏平衡作业量集合，对各产品位于作业量集合的位置来判断产品的盈利性，详细论述见本书第四章第三节。

(二) 基于作业成本的产品组合决策

作业成本产品组合决策包括简单组合决策（不考虑资源约束条件下的决策）和复杂组合决策（考虑资源约束下的决策）两类。

1. 基于作业成本的简单产品组合决策

基于作业成本的简单组合决策不考虑企业资源对其生产经营产品的限制因素，即假设企业可以生产任何数量的其技术可以充分保证的产品。其中变动成本和作业成本都与产品的产量有关，都应该是基于作业成本的产品组合决策的相关成本；固定成本与企业产品生产经营无关，因此固定成本是基于作业成本的产品组合决策的无关成本。因此，基于作业成本的简单产品组合决策的准则是：只要作业毛益大于零，则企业生产该产品可以获得利润，应该决定生产。

设银行计划生产 j 产品，预计 j 产品的市场需求量为 x_j，价格为 p_j，单位变动成本为 b_j，则单位贡献毛益 $g_j = p_j - b_j$，贡献毛益 $G_j = (p_j - b_j)x_j$，又，银行经营 j 产品需要 i 个作业，j 产品消耗 $i(i=1,2,\cdots,n)$ 作业的作业量为 $a(i,j)$，i 作业的单位作业成本动因率为 $\theta(i,j)$，j 产品的作业成本为 D_j，作业毛益为 Z_j，则：

$$Z_j = G_j - \sum_{i=1}^{N} \theta(i,j)a(i,j) = G_j - D_j \quad (2-8)$$

决策准则为：$Z_j \geqslant 0$，企业生产 j 产品；反之企业放弃 j 产品。

2. 基于作业成本的复杂产品组合决策

复杂产品组合决策分析是在简单产品组合决策分析的基础上，考虑到各种限制因素影响，为实现企业利润最大化目标而选择最优产品组合决策方法。

基于作业成本的复杂产品组合决策目标函数。从企业整体而言可以认为企业贡献毛益总额就是所有产品贡献毛益之和，作业成本总额就是各个作业的单位作业成本与该作业的作业量的乘积之和。以 Z 表示企业全部作业毛益总额,根据式(2-8)目标函数可以表示为以下的多元线性函数:

$$maxZ = \sum_{j=1}^{H} Z_i = \sum_{j=1}^{H} G_j - \sum_{j=1}^{H} D_j = \sum_{j=1}^{H} G_j - \sum_{j=1}^{H}\sum_{i=1}^{N}[\theta(i,j)a(i,j)]$$

(2-9)

基于作业成本的复杂产品决策约束条件。基于作业成本的复杂产品组合决策中限制目标函数的约束条件一般表现在产品和作业两个层次。对于产品层次而言,最优产品生产组合中各产品的最大产量受市场需求量的限制,称为需求量约束。对于作业层次,主要有以下约束:与单位水平作业相关的约束、与批次水平作业相关约束、与产品水平作业相关约束。此外,还需要考虑符号约束,一方面,产品产量必须为非负数,不得小于零;另一方面,生产产品消耗的作业量也必须为非负数,不得小于零。对于某些特殊作业,产品消耗的作业量必须为非负整数,如产品设计次数等。

二、基于作业成本的定价决策

在银行产品定价决策中,作业成本法通过使用多个集财务变量与非财务变量为一体的成本动因分配作业成本,可以提供相对准确产品成本信息,进而可以较为科学的进行产品定价和其他相关决策。作业成本法在企业产品定价决策中的主要作用是为决策者提供科学的价格下限和合理的价格弹性空间。[38]价格上限 p_b 是企业意愿得到的价格。在 p_b 价格水平上,企业的长期利润目标可以实现,然而在市场竞争中,许多情况下产品的价格都不得不低于价格的上限。p_a 是产品价格的下限,这是产品的最低价格水平,产品应不低于变动与作业成本要求的价格水平,即价格的下限能够补偿企业的变动成本和作业成本。

设企业生产 j 产品需要经过 n 个作业，j 产品的销售量为 x_j，单位变动成本为 b_j，消耗 i 作业的作业量为 $a(i,j)$，j 作业的单位作业成本动因率为 $\theta(i,j)$，则 j 产品的销售价格 p_j 必须满足：

$$b_j + \sum_{i=1}^{N}[\theta(i,j)a(i,j)/x_j] \leqslant p_j \leqslant p_b \qquad (2\text{-}10)$$

式（2-10）的产品定价模型，实际生产经营过程中，企业各作业的单位作业产出能力受限制，即每一作业能力可以满足的最大产品产量是确定的。设 i 作业的单位作业可以满足 j 产品的最大产销量为 k_{ij}，有 $x_j/a(i,j) \leqslant k_{ij}$，则式（2-10）可以变形为：

$$b_j + \sum_{i=1}^{N}[\theta(i,j)k_{ij}] \leqslant p_j \leqslant p_b \qquad (2\text{-}11)$$

作业成本法下的产品定价模型给出了产品价格的上限和下限。在企业定价决策实践中，应区别环境、产品选取不同的成本基础进行产品定价。新产品等非标准品，为了充分利用剩余生产能力而生产的产品，应与日常生产的标准产品有所区别而采取不同价格政策。

（一）基于作业成本的标准产品成本加成定价

标准产品定价的基本思路是：从企业长期经营角度出发，制定的产品销售价格应当能够补偿为生产产品消耗的全部成本，并能为投资者提供一定的报酬，即标准成本定价是一种成本加成的方法，用公式表示如下：

成本加成价格＝单位产品成本×（1＋成本加成率）

1. 完全成本加成定价

完全成本加成定价是指企业定价决策的成本基础采用完全成本，即变动成本、作业成本和固定成本之和。完全成本加成率是企业期望的投资回报率（ROI）。

设企业税前期望成本收益率为 r，采用完全成本加成定价得产品 j 的销

售价格 p_j 为：

$$p_j = \left\{ b_j + \sum_{i=1}^{N}[\theta(i,j)\,a(i,j)/x_j] + a_j/x_j \right\}(1+r) \qquad (2\text{-}12)$$

2. 变动与作业成本加成定价

变动与作业成本加成定价法的成本加成率计算比较复杂。加成的内容除了企业预期的目标利润之外，还应包括固定成本。假设企业的固定成本为 a，其他符号含义同上，则此时变动与作业成本的加成率为：

$$e = r + \frac{a(1+r)}{\sum_{j=1}^{H}(b_j x_j) + \sum_{j=1}^{H}\sum_{i=1}^{N}[\theta(i,j)a(i,j)]} \qquad (2\text{-}13)$$

3. 变动成本加成定价

变动成本加成法的成本基础是企业在生产经营过程中发生的变动成本。与变动与作业成本加成类似，成本加成的内容除了企业预期的目标利润和固定成本之外，还应包括作业成本，各符号含义同上，则变动成本加成率的计算公式为：

$$e = r + \frac{a + \sum_{j=1}^{H}\sum_{i=1}^{N}\theta(i,j)a(i,j)}{\sum_{j=1}^{H}b_j x_j}(1+r) \qquad (2\text{-}14)$$

（二）基于作业成本的新产品定价

新产品指目前市场上没有，企业已经试制成功待投放市场的产品。新产品定价一般具有不确定性和不可比性。企业对新产品进行定价首先要确定定价策略，在定价策略的基础上，利用式（2-10）来确定产品价格的上限和下限。

在企业生产经营实践中，并不是所有定价决策的对象都是标准产品或者是新产品，决策者常常要在一些特殊情况下做出产品定价决策，如企业存在剩余生产能力、严重的经营困难、竞争性投标等。

三、基于作业成本的客户关系决策

运用 ABC 法可以将顾客作业成本归集对象，这便于编制极为有用的顾客盈利能力报告（Lube Profitability Report，缩写为 LPR）。通常企业把毛利看做是衡量一笔交易是否成功的标准。实际上许多看似毛利很高的交易，由于涉及许多不随销售量变化的间接费用，实际上毛利大大下降。作业成本法下的顾客 LPR 分析，要求将所有与顾客相关的收入和成本进行比较。成本方面，不仅包括生产环节成本，还包括销售和其他环节的成本，通过分析各顾客的 LPR，使管理者制定适当的顾客管理策略。作业成本法可以帮助经营者决定某个顾客的要求什么时候不应满足，什么时候应该满足。

四、基于作业成本的其他决策

基于作业成本的其他决策包括基于作业成本的制造还是购买决策、基于作业成本的市场决策、基于作业成本的设计决策、基于作业成本的供应商决策和基于作业成本的战略决策等。

(1) 基于作业成本的制造/购买决策。在作业成本法下，衡量零部件自制、外购决策的经营标准很多，成本、质量、供应时间以及零部件在企业中的重要性等是重要因素，美国阿拉巴马州立大学会计学教授（Kee）认为影响零部件自制、外购决策的所有因素可以用产品成本和机会成本两个因素来衡量，差别成本是指零部件自制与外购相比，质量的优劣、周转时间的长短、零部件的重要程度以及企业现有生产能力的其他用途等因素对企业有利或不利后果的经济表现形式。

(2) 基于作业成本的设计决策。产品设计最终要进行是否投产的抉择，

ABC 模型可以为设计者提供所设计产品的成本信息，运用这些信息将大大有利于成功的设计。

（3）基于作业成本的供应商决策。一般的想法是选择价格低的供应商，但是 ABC 分析的结果可能是低价的供应商实际上成本很高。ABC 分析低价和低成本供应商的结果，有利于改善公司与供应商的关系。

（4）基于作业成本的战略决策。在战略成本管理中，作业成本制度提供的信息主要集中在成本较高的领域，使用这些信息，可以评价对新产品、新市场和新技术进行投资的成本效益，并依据货币价值以及对银行业绩的影响排列投资方案的优先顺序，也可以使银行管理层发现内部使用资源过多的问题，还可以用来推测并购或开发新业务所带来的影响。此外，作业成本信息还可以用来支持价值管理，帮助识别那些能够增加价值或者消耗价值的作业、流程、产品、客户以及业务部门。

本章小结

基于作业成本的商业银行经营决策主要包括：基于作业成本的生产决策、基于作业成本的定价决策、基于作业成本的客户决策和基于作业成本的其他决策。本章在研究作业成本核算模型的基础上，对以上作业成本决策理论进行了论述，为以下研究提供了理论基础。

第三章 商业银行作业成本核算模型设计

在基于作业成本的商业银行经营决策研究中，作业成本核算是基石也是研究的关键问题之一。因此，本书首先对商业银行作业成本核算模型进行了研究。本章首先用数学的方法对商业银行作业及作业中心的划分进行了分析；在此基础上，考虑到数据的可获得性，应用层次分析法研究了商业银行作业成本动因的确定，最后从商业银行业务作业链（过程）的角度研究了商业银行作业成本核算模型，模型中考虑了同一作业中心中各作业节点的关系。

第一节 商业银行作业及作业中心的划分

在作业成本制度模型中，作业居于中心地位。要理解作业成本制度，必须理解作业的含义。要实施作业成本制度，则必须对银行的作业进行严密界定，并最终编制一部准确、具体、实用的作业词典。编制作业词典的工作，是实施作业成本制度的重要组成部分。在作业词典中，通常包括作业的名称、分类、编号、定义、与相邻作业的区分，以及作业的成本动因等。本书首先根据作业成本中界定作业的基本原则对商业银行的作业词典进行了定义，然后采用数学的方法对作业分解的粒度进行了分析，对可以合并的作业进行合并，对需要进一步划分的作业进行进一步分解，最终得到商业银行的作业词典，为商业银行进行作业成本核算式定义作业的方式恰好相反。这种方式适合于建立作业成本系统的主要目的是为优化流程提供经营性信息的企业。因为这些作业正是生产经营人员每天所从事的工作,他们很容易理解作业,有利于中、基层管理者改进流程,国外企业多数采用这种方式。但如果作业的定义范围过窄,为所有作业寻找作业动因并将作业成本归集到成本计算对象上,将花费更多的时间和财力。

上述两种方式,各有自己的优点和缺点,详细比较见表2-1。方式的最终选择依据作业成本模型的目标。

表2-1 "自上而下"与"自下而上"方式的区别

Table 2-1 The different of defining activity from top to bottom and from bottom to top

项目	"自上而下"方式	"自下而上"方式
作业成本目标	战略管理	业务管理
作业的数量	少	多
提供信息详细程度	低	高
模型规模	小	大
实施成本	低	高

(3)融合方式。建立作业系统的目标不仅是为企业战略服务,而且要为企业日常经营管理服务,因此应将两种方式结合起来,融合方式的模型应该是:从业务经营角度出发定义作业;合并同质作业到作业中心;把作业归集到业务流程上;向上层管理者只报告流程汇总信息;向部门经理报告详细的作业信息。具体如图2-3所示。

奠定了基础。

一、商业银行作业划分

作业界定之前，首先要确定银行实施作业成本的目的，根据作业成本目的来确定相应的作业层次。进行作业成本管理、产品盈利能力分析、作业成本核算等需要较低层次的作业，作业层次越低，种类就越多，作业的内容就越具体明确。如果是进行战略管理，则作业层次相应就可以定得比较高，作业层次越高，作业的种类就越少，作业的内容就越宽泛。[92]

总的来说，银行一般在两个层次上界定作业。一是要界定银行各个部门的主要作业；二是要界定各个部门主要作业的组成部分。这些细节性作业与不同产品有关，需要不同的作成本动因。

本书主要研究基于作业成本的商业银行经营决策，因此作业的界定应放在较低的层次。因为只有把作业的层次尽量降低，才能使界定的作业比较具体，才便于作业与资源、作业与成本对象之间的对应联系，从而为比较准确地计算作业成本、产品成本和客户成本奠定基础。因此，本书采用自下而上和自上而下相融合的作业界定方式，通过调查表和座谈法两种方法来确定商业银行的可能的作业，然后应用数学的方法对作业分解的粒度进行识别和修正，最终得到商业银行的作业词典，并确定商业银行的作业中心。

作业的界定方式和界定方法在第二章第一节进行了详细的论述，这里不再赘述，下面将主要分析作业分解的粒度及判据问题。

二、商业银行作业的分解粒度及判据

（一）商业银行作业分解的粒度

在商业银行作业成本管理中，作业是指一项活动，它注重作业成本计算下的整体业务流程，而不关心更细微的作业因素。在作业成本法中，作业分解粒度（即细化程度）主要取决于作业的用途。然而具体作业界定时基本都取决于管理者以及其他人的经验。从分解"粒度"的概念上来看，一般至少应分解到能使用一种作业动因，即能使用某单一变量进行作业量度量的水平。

北京航空航天大学张人千博士对作业成本分解的粒度问题进行了数学分析，认为作业进行合并的前提条件是动因相同或者成本分摊不变。[91] 作业合并的数学分析如下：

设作业动因相同的 n 个作业相互连接，其作业成本为：

$$CA_1 = CF_1 + k_1 x_1$$
$$CA_2 = CF_2 + k_2 x_2$$
$$\vdots \quad \vdots \quad \vdots$$
$$CA_n = CF_n + k_n x_n$$

其中，CF_j 为作业成本的固定部分，K_j 为作业成本变动部分费用比率，$x_j (j=1,2,\cdots,n)$ 为各作业总量。

又设 m 个产品消耗的不同作业量为：

$$\begin{bmatrix} x_{11} & x_{12} & \cdots & x_{1n} \\ x_{21} & x_{22} & \cdots & x_{2n} \\ \vdots & \vdots & \ddots & \\ x_{m1} & x_{m2} & \cdots & x_{mn} \end{bmatrix}$$

其中：$\sum_{i=1}^{m} x_{ij} = x_j$。合并前，产品 i 在这 n 个作业上分摊的成本为：

$$C_i(p) = \sum_{j=1}^{n} \left((CF_j + k_j x_j) \frac{x_{ij}}{x_j} \right) = \sum_{j=1}^{n} \left(CF_j \frac{x_{ij}}{x_j} + k_j x_{ij} \right) \quad (3\text{-}1)$$

而合并后，作业总成本为：

$$CA = \sum_{j=1}^{n} (CF_j + k_j x_j) \quad (3\text{-}2)$$

产品 i 所占用的总作业量为：$\sum_{j=1}^{n} x_{ij}$，作业总量为：$\sum_{j=1}^{n} x_j$，于是产品 i 对应成本为：

$$C_i(a) = CA \frac{\sum_{j=1}^{n} x_{ij}}{\sum_{j=1}^{n} x_j} = \sum_{j=1}^{n} CF_j \frac{\sum_{j=1}^{n} x_{ij}}{\sum_{j=1}^{n} x_j} + \sum_{j=1}^{n} k_j x_j \frac{\sum_{j=1}^{n} x_{ij}}{\sum_{j=1}^{n} x_j} \quad (3-3)$$

令式（3-1）等于式（3-3），有：

$$\sum_{j=1}^{n} \left(CF_j \frac{x_{ij}}{x_j} + k_j x_j \right) = \sum_{j=1}^{n} CF_j \frac{\sum_{j=1}^{n} x_{ij}}{\sum_{j=1}^{n} x_j} + \sum_{j=1}^{n} k_j x_j \frac{\sum_{j=1}^{n} x_{ij}}{\sum_{j=1}^{n} x_j} \quad (3-4)$$

其中 $i = 1, 2, \cdots, m, j = 1, 2, \cdots, n$。式（3-4）即为不同作业在保证产品作业成本计算不变性前提下应该满足的合并条件。一般考虑如下两种情况：

（1）对任意的 $j, k, i (i = 1, 2, \cdots, m, j, k = 1, 2, \cdots, n)$，有 $\frac{x_{ij}}{x_j} = \frac{x_{ik}}{x_k} = r_{0i}$ 成立，则作业可以合并。

（2）对任意 $j, k (j, k = 1, 2, \cdots, n)$，有 $\frac{CA_j}{x_j} = \frac{CA_k}{x_k}$ 成立，则作业可以合并。

（二）作业分解最小粒度的判据

作业的最小粒度单元指满足管理流程要求和作业成本计算精度的作业单元。由以上分析的作业成本合并的条件，我们可以得出作业满足最小粒度的判据。商业银行可以依据以下判据来判断作业分解是否达到了要求，该判据如下：

（1）作业流程分解首先应满足管理上所需的最小作业单元；

（2）当一个作业可以分为两个或多个作业，且这两个或多个作业不满足合并条件式（3-4）时，则说明此作业应该继续分解；

(3) 在满足（1）的前提下，当无论如何将作业进行细分时，它的作业成本均能满足合并条件，则称此作业为最小粒度作业，不应再去细分。当所有作业均达到最小粒度作业时，我们就认为已经得到了满足需求的作业集合，可以进行作业成本计算及相关的数据分析。当然，在商业银行实际操作中，没有必要严格按以上公式和判据来划分作业，只要和判据公式偏离不大，就可以保证作业流程分析能够满足作业成本计算的精确度要求。

三、商业银行的作业中心确定

（一）作业中心和作业成本中心的形成原理

作业中心是一系列相互联系、能够实现某种特定功能的作业集合。把相关的一系列作业（或任务）消耗的资源费用归集到成本中心（或作业），构成各该作业中心（或作业）的作业成本库。[60]当然，这里的作业中心不同于本章第一节中所讲的初步的作业中心，因为初步的作业中心只是对某一业务相关作业范畴的初步界定。

在作业成本法中，由于不可能在所有的成本项目或资源项目与作业之间都建立一一对应的关系，所以通常把许多个具有相同特征或相似耗费方式的成本项目组合到一起，形成一个成本库或者称汇总费用类别。建立成本库的主要目的，在于加快成本的分析过程，降低成本分配的复杂程度，减少所需的分配规则数量，从而最大限度地降低信息收集、处理和理解所需的成本及时间。[93]因此，为了建立合理可行的系统，需要把大量次级作业按"3—2—1"作业分解粒度判据，合并为若干个一级作业，进而建立作业中心。每一级作业中心可以包含一个或者几个一级作业。归集每一个或者每几个作业中心作业所消耗的成本，就可以形成作业成本中心。也就是说，我们可以让每个作业中心都和一个作业成本中心相对应，也可以让某几个作业中心和作业成本中心相对应。作业中心和作业成本中心的形成原理可以用图3-1来描述。[94]

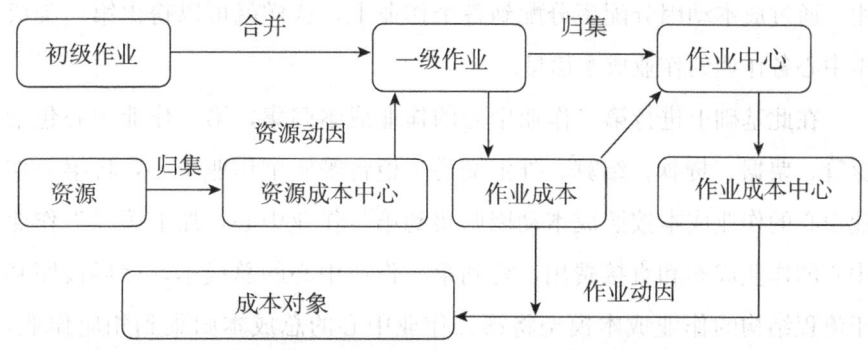

图 3-1 作业中心和作业成本中心的形成过程

Fig. 3-1 The forming process of activity center and activity cost center

(二) 商业银行作业中心划分

不同设计者在为各项次级作业选择成本中心以及归集作业成本中心的思路和方法不同，得出的最终设计结果也会大相径庭，主要表现在作业中心和作业成本中心的数量和名称的差异上。在美国早期的一些作业成本系统中包含了上百个作业成本中心，这必然会大大增加运行成本和管理成本。因此，必须寻找办法合理地确定作业中心和作业成本中心的数目。一般认为，作业中心和作业成本中心的界定数目要适当，过多的数目会增加运行的成本，过少的数目又会影响计算的精确性。Maheshwari 认为，一个不断发展中的 ABC 系统应将其业务描述成 10~20 个作业中心。

本书结合商业银行的特点及作业划分的目的（产品组合决策、定价决策、客户决策），将整个银行的作业按部门划分为 11 个作业中心，并将这 11 个作业中心分为第一作业中心和第二作业中心，其中第一作业中心为一般管理、人事、财务、营销、系统五个作业中心，而这五个作业中心下又有若干个明细的作业，本书首先将各个部门的费用分为人工费用和非人工费用，人工费用部分按照该作业中心工作人员的工作时间在各个作业的分配情况，将费用进行归集，而具体的分配比例可以采用统计或者层次分析法进行确定；非人工费用部分可以根据其耗费的资源费用，通过成本动因分配率分配到各个作业上，这样就可以得出第一类成本中心各作业的作业成本信息。

在此基础上进行第二作业中心的作业成本归集，第二作业中心包括保管、票据、贷款、结算、外汇交易、柜台等6个作业中心，将第一作业中心的作业成本按照成本动因归集到第二作业中心，加上第二类作业中心的作业成本和直接费用，得到第二作业中心的总成本，然后按照基于流程结构的作业成本模型将第二作业中心的总成本归集到相应作业，进而归集到相关成本对象。具体流程如图3-2所示。

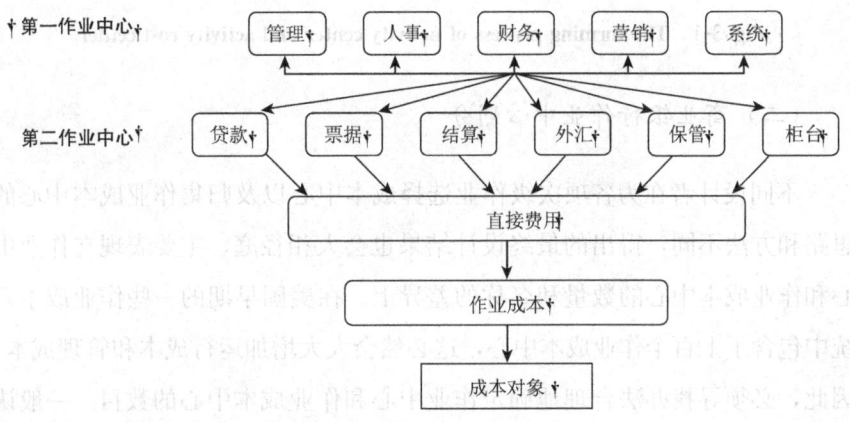

图 3-2 商业银行作业成本中心过程图

Fig. 3-2 The activity cost center process of commercial bank

第二节 商业银行作业成本动因的确定

一般来说，获取成本动因资料的实行成本越低，成本动因越易被选用；成本动因的相关程度越高越可能被选用；使用成本动因引入的有利因素越多，该成本动因越易被采用。另外，如果公司要求战略目标占主导地位，一个实行成本高，但相关程度高的成本动因也会被采纳。如果公司要求行为影响占支配地位，那么即使实行成本较高，相关程度较低的成本动因仍可能被选中。例如，为了减少生产时间，满足客户需要，促进客户的购买行为，那么尽管生产时间与资源相关性低，且实行成本高，也可能选择生产时间为成本动因。

选择恰当的成本动因不仅仅是为了获取满意的产品及服务成本精确度，而且是为了获得更好的作业管理。确定适当的成本动因数目，通常是为了满足产品/服务成本的一定精确度，进而提高决策水平。

一、确定成本动因的方法

在综合多种因素（包括性质、数量）确定成本动因的过程中，通常有以下几种方法可供选择。[95]~[100]

（一）经验法

经验法指依靠作业中心负责人的经验，对所要选择的成本动因进行合理判断、评估的方法。经验法可用于作业成本计算程序中两阶段中的任一阶段。

（1）经验法确定资源动因。它是根据作业中心技术负责人的经验，确定各作业中心资源动因的方法。

（2）经验法确定作业动因。在 ABC 设计的第二阶段，需要从归集作业成本库中的多个作业动因中，选择一个作业动因作为该成本库的代表作业动因，可以利用作业中心负责人多年经验判断、确定合适的作业动因为代表作业动因。如果多位作业中心负责人共同发表意见，则可以采取评分法确定代表作业动因。评分步骤：第一，每位负责人对各可能的成本动因依其判断打分（由低到高打 1～5 分）；第二，ABC 设计人员对多位负责人设定不同的权重，例如基层权重低、高层权重高，技术人员权重高、其他人员权重低等；第三，加权计算各可能作业动因得分，选取分值高者为该作业成本库的代表作业动因。

经验法使用成本低,但有较大的主观随意性,如果技术负责人缺乏认真负责态度和缺乏经验,则可能造成很大误差。

(二) 测量法

测量法指利用仪器、仪表设备和人力,详细记录作业信息以确定成本动因的方法。测量法一般应用于资源动因的确定。

测量法准确性较高,结果较客观,但实行成本较高,需要为每个作业中心配备适当的仪表,或每次须认真记录所需数据。

(三) 回归法

回归法又称数学法,所谓数学法是指利用数学方法确定各作业中心的成本动因及其消耗资源情况的方法。这种方法是对每一备选项进行统计回归分析,把作业动因视为独立变量,成本作为非独立变量进行回归。当某项作业动因与作业成本库成本的相关系数值较大时(如大于0.9),可以用该作业动因作为该作业成本库的代表成本动因,如果回归分析中得到常数项,说明成本在某种程度上是固定的,不管成本动因如何变动,该部分始终不变。回归分析法的一个主要问题是所需的数据不一定都能取得,另外是实行成本较高。在ABC设计中既可用于选择作业动因,也可用于确定资源动因并分配制造费用到各作业中心。

(1) 利用回归法选择作业动因。此方法是建立作业成本库与可能作业动因之间的二元回归方程,再计算各相关系数,相关系数较大的作业动因可考虑确定为该成本库的代表作业动因。更妥当地,计算出的相关系数应大于或至少等于相关系数临界值方为可行。

(2) 利用回归法分配资源费用。这种方法可用来分配已确定了作业动因的多个作业中心共同费用的分配,常用于动力费的分摊。[101]

(四) 分析判断法

这种方法是通过分析，把相关资源价值量大、具有典型代表性的作业动因选出来作为成本库的代表成本动因。向次级作业的管理者征求意见，可以提高所选成本动因的可靠性。如果不止一个作业动因显示出长期有效性，且相关资源金额大，也不妨分作业成本库为几个次级作业成本库，分别选择不同的成本动因用于各个次级作业成本库。

(五) 层次分析法

层次分析法（Analytical Hierachy Process，简称 AHP）是美国匹兹堡大学教授 A. L. Saaty 于 20 世纪 70 年代提出的一种能将定性分析与定量分析相结合的系统分析方法，是一种分析多目标、多准则的复杂大系统的有力工具。作为一种实用性很强的决策方法，AHP 法将决策者对复杂对象的决策过程数学化、模型化，这一点在目标结构复杂且缺乏必要数据的情况下非常适用。AHP 的特点恰好与作业成本法中多动因选择与确定相适合，因此在作业成本核算中应用 AHP 法进行成本动因界定，将使其结果更准确。[102]

上述方法各有优缺点，详见表 3-1。

表 3-1 确定成本动因的各种方法的优缺点

Table 3-1 The merit and shortcoming of selecting cost driver

成本动因确定方法	优 点	缺 点
经验法	简便易行，成本低	主观随意性大，误差大
测量法	准确性高、结果客观	实行成本高，可操作性差
回归法	准确性较高	数据收集困难，成本较高
分析判断法	可操作性强，成本较低	具有一定低误差和主观随意性
层次分析法	准确性较好，可操作性强	具有一定低主观性

二、商业银行作业成本动因的确定

在建立了作业中心，归集同质作业成本到作业成本库后，需要从作业成本库的多个作业动因中选择出恰当的作业动因作为该成本库的代表成本动因，并计算成本动因分配率。本书结合各种选择成本动因的方法的优点及商业银行的实际情况，采用德尔菲法、经验法、分析判断法与层次分析法相结合的方法来确定作业的成本动因。

（一）采用德尔菲法确定可能的成本动因

德尔菲法是美国兰德公司首先使用的一种专家调查方法，[103]亦称为专家意见征询法，是一种向专家反复函询收集意见进行预测的方法。它的特点是匿名性、轮间反馈沟通情况、结果的统计需要进行几轮。德尔菲法集中了专家的经验与意见，并不断地反馈和修改，同时排除了人际关系干扰，具有很大优越性，能够得到比较满意的结果。因此，本书在获得可能的成本动因时采用该方法。

（二）结合经验法和分析判断法对可能的成本动因进行筛选

首先根据作业中心技术负责人的经验，从第一步得到可能的多个作业动因中，选择几个作业动因作为该成本库的可能作业动因。如果多位作业中心负责人共同发表意见，则可以采取评分法确定代表作业动因。评分步骤：

（1）每位负责人对各可能的成本动因依其判断打分（由低到高打1~5分）；

（2）ABC设计人员对多位负责人设定不同的权重，例如基层权重低、高层权重高、技术人员权重高、其他人员权重低等；

（3）加权计算各可能作业动因得分，选取分值高的几个为该作业成本库的可能作业动因。

（三）采用改进的层次分析法对确定最终成本动因

采用改进的层次分析法[104]~[107]来确定成本动因首先要确定成本动因选择递阶层次结构，其次要构建判断矩阵，然后应用层次分析法进行求解（本书采用改进的层次分析法），得到各成本动因的比重，占比重最大的成本动因为该作业的成本动因，如果一个成本动因达不到要求，可以采用两个或多个成本动因进行计算，具体步骤如下：

1. 成本动因选择递阶层次结构的建立

目标层：选择成本动因

指标层：选择成本动因要遵循的原则（ABC 目标、相关性、成本的精确度、行为绩效、实行成本、数据的可获得性、作业的重要性）

要素层：可能的成本动因

2. 构建判断矩阵

假设银行的某个作业 i，作业 i 的可能的成本动因为 k 个，表示为 $b_1, b_2, \cdots, b_k$，运用层次分析法构建该作业可能成本动因的判断矩阵见表 3-2。

表 3-2　成本动因判断矩阵

Table 3-2　The judgement matrix of activity driver

A_k	B_1	B_2	$\cdots$	B_k
B_1	b_{11}	b_{12}	$\cdots$	b_{1k}
B_2	b_{21}	b_{21}	$\cdots$	b_{2k}
$\vdots$	$\vdots$	$\vdots$	$\vdots$	$\vdots$
B_k	b_{k1}	b_{k2}	$\cdots$	b_{kk}

注：如 b_{12} 因素 $= B_1$ 因素 $/ B_2$ 因素，$b_{2n} = B_2$ 因素 $/ B_n$ 因素

其中，b_{ij}是对于A_k而言，B_i对B_j的相对重要性的数值表示，b_{ij}的取值根据所选择标度的不同而不同。到目前为止，人们已提出了近 10 种标度，如 0～2 三标度法、−1～1 三标度法、1～5 五标度法、1～9 标度法、9/9～9/1 标度法、指数标度法和 10/10～18/2 标度等。通常人们所采用的标度为 1～9 比例标度，即b_{ij}取 1，2，3，…，9 及它们的倒数。

采用 1～9 比例标度的依据是：其一，心理学的实验表明，大多数人对不同事物在相同属性上差别的分辨能力在 5～9 级之间，采用 1～9 的标度反映了大多数人的判断能力；其二，大量的社会调查表明，1～9 的比例标度早已为人们所熟悉和采用；其三，科学考察和实践表明，1～9 的比例标度已完全能区分引起人们感觉差别的事物的各种属性。

3. 应用改进的层次分析法进行求解

设：$A=[a_{ij}]$、$B=[b_{ij}]$、$C=[c_{ij}] \in R_{n \times n}$

定义 1：若$a_{ij}=1/a_{ij}$，则称 A 为互反矩阵；若$b_{ij}=-b_{ij}$，则称 B 为反对称矩阵。

定义 2：A 为互反矩阵，若$a_{ij}=a_{ik}/a_{jk}$，则称 A 是一致的；若 B 是反对称阵，且$b_{ij}=b_{ik}+b_{kj}$，则称 B 是传递的。

显然，若 A 是互反矩阵，$B=LgA$（$b_{ij}=Lga_{ij}$，$\forall i, j$）是传递的；反之，若 B 是传递阵，则$A=10^B$（$a_{ij}=10^{b_{ij}}$，$\forall i, j$）是一致的。

定义 3：若存在传递阵 C，且使$\sum_{i=1}^{n}\sum_{j=1}^{n}(c_{ij}-b_{ij})^2$最小，则称 C 为 B 的最优传递阵。

显然若 A 是互反矩阵，$B=LgA$，C 是 B 的最优传递阵，那么可以认为是 A 的一个拟优一致阵，它满足使$\sum_{i=1}^{n}\sum_{j=1}^{n}(lga_{ij}^*-lga_{ij})^2$最小，而非$\sum_{i=1}^{n}\sum_{j=1}^{n}(a_{ij}a_{ij})^2$最小。

定理：若 B 是反对称阵，则 B 的最优传递阵 C 满足：

$$C_{ij} = \frac{1}{n}\sum_{k=1}^{n}(b_{ik} - b_{jk}), \forall i,j \qquad (3-5)$$

用方根法求 A^* 的特征值出于以下考虑：首先是因为判断矩阵本身有相当的误差范围，不需要追求较高的精度；其次方根法实际上是以超几何平均的方法求权重值，可以在一定的范围内，使拟优 A^* 的特征值更接近于最优 A 的特征值。

(1) 计算 C_{ij} 每一行元素的乘积 M_i；

$$M_i = \prod_{j=1}^{n} b_{ij}, \quad (i=1,2,\cdots,n) \qquad (3-6)$$

(2) 计算 M_i 的 n 次方根；

$$\overline{W}_i = \sqrt[n]{M_i} \qquad (3-7)$$

(3) 对向量 $\overline{W} = [\overline{W}_1, \overline{W}_2, \cdots, \overline{W}_n]^T$ 正规化，即规一化。

$$W_i = \frac{\overline{W}_i}{\sum_{i=1}^{n} \overline{W}_i} \qquad (3-8)$$

由此得：$W = [W_1, W_2, \cdots, W_n]$

最后选择权重值最大项所对应的可能成本动因为该作业的最终成本动因。当然，可以设定该权重必须大于某个值，比如大于 0.9。如果达不到理想的权重水平，可以对作业进行进一步细分，或者使用两个或两个以上的成本动因来表示，以达到满意的水平。

第三节　商业银行作业成本模型设计

作业成本核算是作业成本管理的基础，它是开展作业成本管理应用集成研究的关键，可以为企业辅助决策提供各类财务支持。传统的商业银行成本核算将商业银行的作业流动模式分为第一作业中心和第二作业中心，将第一作业中心的成本费用按照作业动因分配到第二作业中心，然后按照作业动因分配到成本对象。这种方法的分配忽略了作业中心内部各作业之间的关系，按照该方法进行作业成本核算已足够，但是依靠该方法进行作业成本决策就显得有些力不从心。本书结合商业银行业务特点，将分步作业成本核算模型和基于过程的作业成本核算模型相结合，构建了基于业务流程的作业成本核算方式，该成本核算模型结合分步法的第一作业中心第二作业中心的核算思想，并考虑各作业中心内部作业之间的关系，如图3-3所示。

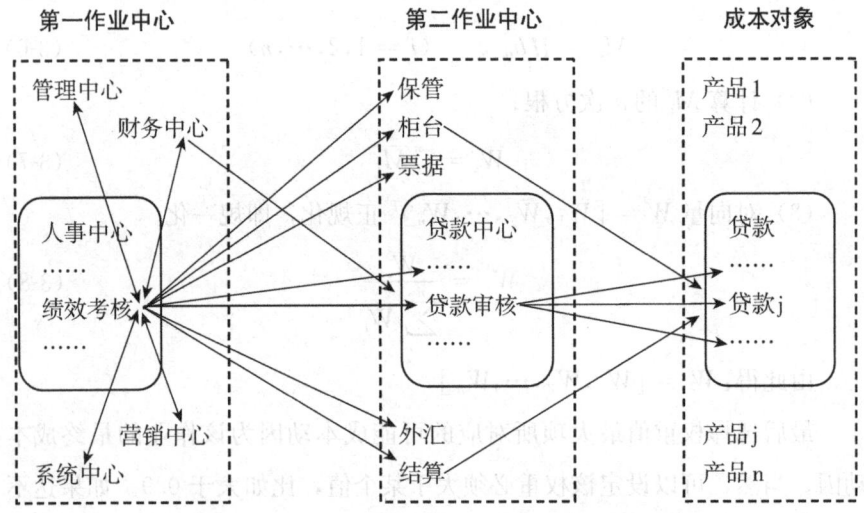

图 3-3　基于业务流程的商业银行作业成本核算模型

Fig. 3-3　Commercial banks activity-based costing model based on business process

一、商业银行成本特点及资源费用范围

（一）商业银行成本概念及特点

商业银行是一种在现代经济生活中，吸收公众存款、发放贷款、办理结算等业务的特殊信用机构，它在现代金融体系中占有很重要的地位，它的成本是指其在业务经营过程中所消耗的各种活劳动和物化劳动的货币表现，也就是商业银行经营过程中发生的与业务经营有关的各项支出

的总称。[108]商业银行成本作为一个特殊的成本范畴，与工业企业的成本是有区别的，主要表现为：

（1）由于商业银行不生产商品，仅通过为社会提供各种劳务来获利，所以它的成本是社会剩余产品的再分配。

（2）由于工业企业的成本主要是生产资料价值与工资价值的转化，所以其成本高低直接影响工业产品的价值。而商业银行成本是社会剩余价值的再分配，所以其高低并不会影响到社会各方面的经济利益。

（3）工业企业产品成本是通过产品的销售收入来补偿，所以销售能力直接决定其经营成败。而商业银行经营成本主要是由筹资中发生的利息支出和经营过程中的其他费用支出构成，是通过所获得的贷款利息收入来实现的。

（4）利息成本是商业银行成本的最主要项目，其发生额的大小取决于负债的规模和结构。因此，相对于负债来说，利息成本属于变动成本。但利息成本在时间上具有不可变换性。在工业企业，成本核算实行制造成本法，直接材料、直接人工等变动成本具有会计期间上的可转换性。若本期的产品不能售出，其变动成本仍以存货形式存在并结转到下一个会计周期。而利息成本具有期间成本的特点，本期的利息成本只能由本期收入负担，不能也无法结转到下一个会计期间。可以看出商业银行成本费用具有期间成本的特点，并占有很大的份额，这也决定其成本核算、成本管理不同于一般工业企业。

（二）商业银行资源费用的范围

所谓资源费用的范围是指商业银行经营成本费用所包含的项目，是成本管理的具体化。商业银行的资源成本可以归为以下六类：资金成本、经营管理费用、手续费支出、税金、风险成本（风险准备金支出）、资金成本。前五种属于经营资源成本，后一种属于资本资源成本。资金成本是商业银行最大的成本项目，它能够直接归属到某个产品、顾客或作业，一般与第一成本中心相关，如与信贷部门相关，可分配到贷款作业；经营管理费用，例如人工费用和其他业务管理费用，它有的能够直接归集到某个产品、顾客或作业，有的不能够直接归集，它与第一作业中心和第二作业中心均相关，可分配到银行各个部门的各项作业中，下面对商业银行的成本费用进行详细分析。

根据我国《金融保险业财务制度》的规定，应列入商业银行成本管理的项目有：

（1）资金成本：主要是指利息支出和金融机构往来利息支出。所谓的利息支出是指商业银行在经营中以负债形式向社会个人以及其他企事业单位筹集各类资金所支付的利息，商业银行应按国家规定的适用利率分档次支付应付利息，利息支出属于可变成本；金融机构往来利息支出是指商业银行与中央银行和金融企业之间发生的资金往来而支付的利息。它也具有可变成本的性质。

（2）手续费支出。它主要指商业银行在委托其他单位加强金融业务过程中发生的手续费支出。它是一种可变成本。

（3）风险成本：风险成本指各种准备金，它主要指商业银行的呆账准备金、投资风险准备金和坏账准备金等。属于可变成本的范畴。

（4）资本成本：商业银行的资本成本（经济资本）是一种机会成本。由于银行是经营风险的特殊行业，监管者对银行经营的风险资产有最低资本充足率的要求，经济资本包括信用风险经济资本、操作风险经济资本、市场风险经济资本和资本性占用的经济资本，市场风险经济资本一般在总行计算，不在产品分配环节，操作风险经济资本一般分配至部门即可，因此这里所指的经济资本只包括信用风险经济资本和资本性占用经济资本。

（5）税金：主要是按照国家规定应缴纳的营业税及附加成本，它从银行的营业收入中按一定比例征收，也可以直接归集到产品。

（6）经营费用成本：商业银行的经营费用成本主要包括业务招待费、

业务宣传费、固定资产折旧费、业务管理费等。

业务招待费：它主要指商业银行为业务经营的合理性需要而支付的业务交际费用。按业务收入的一定比例控制使用，属于可变成本。

业务宣传费：它主要指商业银行开展业务宣传活动所支付的各种费用，在营业收入的规定比例（2%）内掌握使用，属于可变成本。

固定资产折旧费：它主要是指商业银行根据国家规定的标准按固定资产原值所提取的固定资产折旧，从而按权责发生制原则正确核算固定资产成本。它实际上是固定成本。

业务管理费：也就是其他费用成本。这是银行办理各项业务发生的费用开支和从事行政管理的有关支出。业务管理费包括的项目比较多，其中的一部分，如科研费、印刷及用品费、会计出纳费、安全防卫费、钞币运送费、车船燃料费等，属于可变成本的范畴。其余的如租赁费、修理费、资产推销费等，则属于固定成本的范畴。

综上所述，可以看出，商业银行的成本大致可以分为可直接归集到成本对象的直接成本和不能直接归集到成本对象的间接成本两类。其中直接成本主要包括资金成本、手续费支出、风险成本、税金、经济资本，间接成本则包括业务宣传费、业务招待费、固定资产折旧费和业务管理费。

二、归集商业银行的资源费用到相应的资源中心

现代银行业属于典型的"多产品行业"，[109]在其财务会计系统中，费用项目通常非常细化，明细数目成千上万，很难在作业成本计算中一一加以分配，因此有必要将许多明细的成本、费用项目归集到资源成本中心。归集资源成本中心是对传统资源成本核算的调整和整合。

资源成本中心是指具有相同特征或者是作业消耗方式相似的成本项目的集合。[55]在作业成本系统中，由于不可能将作业与资源一一对应，因

此有必要将许多个具有相同特征或者相似消耗方式的成本项目组合到一起，形成一个成本中心。建立资源成本中心的主要目的在于：

（1）加快成本分析过程；

（2）降低成本分配的复杂程度；

（3）减少所需的分配规则数量；

（4）降低信息收集、处理和理解所需的成本和时间。[58]

（一）直接费用的归集

由前文"商业银行作业划分"的表述可得，商业银行的直接费用包括：资金成本、手续费支出、税金、风险成本、经济资本，这些成本一般可以直接归集到相应产品，即使不能与单个产品直接联系，也能同业务类型相联系。因此，这类费用可直接归集。

（二）间接费用的归集

商业银行的间接费用包括业务宣传费、业务招待费、业务管理费等。对银行而言，营业成本通常包括所有与提供给客户（包括银行内部的其他部门）的产品和服务有关的直接费用。在分配间接费用之前，可以把这些费用确认为银行内部各组织单位的直接费用。直接费用可以按具体的成本中心进行归集，并一般按费用类型进行报告。

间接费用或维持性成本可能包括所有不能直接分配到产品或服务当中的费用，对于此类费用，传统成本计算一般根据某些分配基准将其分配到产品和服务当中去。而在作业成本制度下，利用作业分析和成本动因，可以确认那些导致间接费用或支出发生的因素，从而可以将间接费用与相关决策密切联系起来。商业银行的间接费用归集见表3-3。

表 3-3 商业银行间接费用归集表

Table 3-3 The commercial bank indirect expense gathers together

二级	三级	成本类别	二级	三级	成本类别
宣传费		营销费用	其他业务管理费		一般管理费
广告费		营销费用	董事会和理事会费		一般管理费
业务招待费	招待费	营销费用	咨询费		一般管理费
会议费	招待费	营销费用	邮电费		一般管理费
电子设备运转费		系统费用	诉讼费		一般管理费
网络通讯费用		系统费用	公证费		一般管理费
网络建设费摊销		系统费用	安全防卫费	改装费	安全防卫
计算机设备折旧		设备费用	安全防卫费	装备费	安全防卫
出纳机具折旧费		设备费用	安全防卫费	警务费	安全防卫
办公设备折旧费		设备费用	安全防卫费	其他	安全防卫
房产折旧费		场地费用	钞币运送费		安全防卫费
房租费		场地费用	正式工工资		人力费用
物业管理费		场地费用	临时工工资		人力费用
保险费	房产险	场地费用	职工福利费		人力费用
税金	房产税	场地费用	工会经费支出		人力费用
税金	土地税	场地费用	职工教育费		人力费用
网点装修费摊销		场地费用	失业保险费		人力费用
长期租赁费摊销	装置费	场地费用	劳动保险费		人力费用
安全设备折旧费	设施费	场地费用	基本养老保险费		人力费用
水电费		场地费用	职工住房公积金		人力费用
取暖及降温费		场地费用	其他福利费支出		人力费用
其他固定资产折旧费		一般管理费	劳动保护费		人力费用
保险费	其他险	一般管理费	取暖及降温补贴		人力费用
印刷费		一般管理费	交通工具折旧费	公务车	车辆费用
外事费		一般管理费	保险费	车辆险	车辆费用

续表

二级	三级	成本类别	二级	三级	成本类别
驻外机构费		一般管理费	业务用车费		车辆费用
其他修理费		一般管理费	业务用车修理费		车辆费用
其他设备租赁费		一般管理费	车辆租赁费		车辆费用
税金	其他税	一般管理费	税金	车船税	车辆费用
技术转让费		一般管理费	审计费		
绿化费		一般管理费			

三、按照资源动因将资源费用归集到相应作业

本步骤主要工作是收集、分解和归并资源费用到相关作业。

（一）归并资源费用的原则[22]

原则一：注重价值高的资源。价值很高的资源费用分配不当容易造成最终产品成本的误差巨大，因此，对高价值的资源归集要特别慎重。需要注意的是，这类资源在不同行业、不同公司内的表现形式不同。

原则二：注重差异性大的资源。即注意那些消耗量随产品类型不同而变化较大的资源。

原则三：集中注意那些需求方式与传统的分配基准（如直接人工、机时、原材料）不相关的资源。

原则一和原则三可以帮助辨认在传统成本系统下最可能被扭曲分配的资源，这两类资源用传统的数量分配基准进行分配，往往造成产品成本的扭曲，ABC设计者需要解决的问题是，判断组织的哪些资源随公司生产线增加、生产技术改变、营销渠道的不同，以及供应商的差异而增加。

原则四：参考预算项目归集作业的资源费用。各预算项目说明了管理当局计划如何使用其资源，而且这些预算项目大部分与会计日记账的

账户相符。因此，ABC设计小组可以根据各种作业预算项目的消耗情况，合并或分解各个预算项目或会计日记账，归集作业的资源费用。

（二）归集的方法

归集资源费用到作业所进行的资源动因分析是很有价值的。它可以揭示间接费用的发生，描述间接费用为什么发生和如何发生，如果有本单位详细的历史资料，或有公司的详细资料可以对比，则可以进一步分析间接费用的规模合理性、发生的有无价值、使用的效率如何等，另外结合增值/不增值作业分析，核心/支持型作业分析，有助于经理们制定有关降低成本的决策。[58]

（1）人工费用的归集。在确定一个部门的作业和成本后，就可以把这个部门的全部人工成本或消耗时间分配到各个部门的作业中去，通常根据各作业所花费的时间进行分配，确定作业所花费时间的常用方法有以下几种：访问、工作讨论、自我记录、历史平均法、相对价值法、作业抽样法、直观法、预定时间法。其中最常用的方法是访问和工作讨论。

所有这些方法都能把每个部门与人员相关的成本按作业进行分解。每个部门最终分配到各作业的时间总和等于其现有工时总和。因此，这一过程也可以用来验证所有的作业是否都已被界定。

银行可以使用两种甚至更多的方法来分析各作业耗用的工时。例如，可以使用某种统计计量法估算运营作业的时间（运营作业中包括相当大的重复性作业），同时使用访问、工作讨论会等方法来估算维持性作业的人工工时（对于这类作业，如果使用统计量方法可能难以进行分析）。

（2）系统成本的分配。许多信息技术和通讯系统的成本与所提供的产品种类相关，而与交易量无关。当然，这些系统必须具备处理最大可能交易量的能力。系统部门发生的成本有些与产品相关，有的则不与产品相关（如维持性成本），对于前者自然要分配到产品中去，而对于后者，则只能把它们分配到相关的成本动因中，而不是分配给产品。作业成本制度的用途决定系统成本分析的细致程度。在大多数银行中，可以把成本分配到业务领域或产品组中，但是不大可能分配到单个产品或服务中，除非某个特定系统或机器只供某种产品或服务单独使用。

（3）其他直接费用的分配。其他直接费用包括营销、广告、旅行、招待、办公用品、公共关系、餐饮及分销等方面的支出。对于产品和客户分析来说，这类成本中的一部分可以直接分配到具体的产品、客户或产品组中。例如，营销、广告和公共关系方面的支出可能与支持某一特定产品或产品组的活动有关。但是也会有一些营销广告和公共费用只能归为维持性成本，而不能将它们分配到特定产品或业务领域当中去。

如有必要，差旅费和娱乐费也可以分配到产品或客户关系中。可以为单个产品和客户盈利能力进行这种细致程度的分析。但是除非成本很大，否则通常把它们包括在人员成本内，随人员成本一起分配到各作业中。

（4）办公用品成本也可以分配到特定产品或服务中。同样，除非这一成本很大，否则通常把它们包括在人员成本内，随人员成本分配到作业中。

（5）分销成本也可能与产品相关。例如，支票、汇票、信用证和证券的分销成本。

（6）餐饮费用很少与产品相关，可以把它们视为间接费用。

（7）间接费用或维持性成本的分配。与作业相关的成本可以在每个营业性部门中确定下来。同样，在每个管理性和维持性职能部门中也应该确定与作业相关的成本。管理性作业和维持性作业可能包括场地、餐饮、安全、系统开发、财务控制、人事、战略管理、行政管理、公共关系和银行营销等。

在传统的成本会计制度中，通常集中计算场所和安全费用，并根据成本中心的场地使用面积把它们分配到各个成本中心。在作业成本制度中，这些成本与不动产管理作业联系在一起进行监督控制。这些成本被分配到产品组或业务领域中，因为这些成本与有关的产品组或业务领域相关。

财务控制、人事管理、战略规划、行政管理、公共关系和银行营销都是银行整体管理的重要作业。可以在各有关部门中按作业监督和控制成本。但是只有当这些成本与经营决策有关时，才能将其分配到产品、客户或业务领域当中去，否则不能随意进行这些成本的分配，而只能把它们计算到作业为止。资源费用归集到相应作业见表 3-4。

表 3-4　成本费用归集

Table 3-4　Assigning cost to activity

资源费用	成本动因	作业 1	作业 2	……	作业 n
人力费	人工工时				
设备费	机器小时				
场地费	平方米				
营销费	品种数量				
管理费					
系统费	品种数量				
安全防卫费					
车辆费	余额				
审计费	余额				
合计					

四、按照作业动因将作业成本归集到相应的成本对象

成本对象最终接受成本的分配。把作业或作业成本库的成本分配给成本对象，在操作上可以分两道程序进行：首先，把第一类成本中心（内部辅助单位）的成本分配给第二类成本中心（以产品、客户为导向的单位）；然后，再把第二类成本中心的成本分配给成本对象，即产品、客户和内部组织单位等。

把作业的成本分配给成本对象一般比较容易。例如，假定某项作业为"账户处理"，其作业动因指标为账户个数，要把这项作业的成本分配给某产品，只需要利用该账户与该产品之间的关系，即根据该产品使用或消耗的账户个数以及每个账户成本（即单位作业成本），即可将该项作

业的成本分配至该产品（成本对象）。利用同样的方法，还可以将这项作业的成本分配到有关客户或组织单位等其他成本对象。

表 3-5 作业成本归集

Table 3-5　Assigning the activity cost to product

银行产品	作业1	作业2	作业3	……	作业n	合计
资产业务						
负债业务						
中间业务						
合计						

五、基于业务流程的商业银行作业成本核算模型

（一）商业银行作业成本核算指标变量的确定

商业银行产品作业成本核算涉及资源参数、作业参数、成本参数等多种指标变量，为计算方便，本书首先对指标变量进行说明，具体指标变量见表 3-6。

表 3-6　商业银行作业成本核算指标变量

Table 3-6　The indicators bariable of activity costing of commercial banks

指标变量	N	作业数量
	i, j	作业编号 $i, j=1, 2, \cdots n$
	$M(i)$	资源种类数量
	$m(i), m(j)$	作业消耗的资源种类数，$m(i), m(j)=1, 2, \cdots M(i)$
资源参数	V_m	第 $m(i)$ 种资源所消耗的价值
	$R[i, m(i)]$	作业 i 消耗的第 $m(i)$ 种资源的动因量
	$D_m(i)$	第 $m(i)$ 种资源的资源动因分配率
作业参数	$\theta(i, j)$	第 i 种作业分配到 j 产品、服务（作业）的作业动因分配率
	$\alpha(i, j)$	j 产品、服务或作业消耗的 i 作业的作业动因量
	$\beta(j, k)$	作业 k 消耗作业 j 的作业动因量
	$\gamma(j)$	作业 j 的作业动因分配率

续表

成本参数	Dm	非人工直接消耗成本
	Dl	直接人工消耗成本
	RC	间接资源消耗总价值
	ΔC(i)	作业 i 的作业成本
	C(j)	产品、服务、作业 j 总成本

（二）基于作业成本的商业银行产品成本归集[110]

（1）银行的直接成本包括该项作业所耗费的利息费用、营业成本、呆账准备金、直接人工成本及专项费用，为计算方便将其分为人工直接成本和非人工直接成本和专项费用三大类，其中专项费用是指为某一产品或服务而专门设置的一些部门和设备的全部费用。

非人工直接消耗成本成本核算如下所示：

$$dm = \sum_{i=1}^{n} Y_i G_i + w \tag{3-9}$$

式（3-9）中，dm 是非人工直接消耗成本；Y_i 是第 i 种直接消耗的单位价格；G_i 是第 i 种直接消耗的用量；W 是外购产品或服务的价格；n 是消耗的种类。

直接人工成本核算如下所示：

$$dl = \sum_{j=1}^{m} Tp(1 + r\%) \tag{3-10}$$

式（3-10）中，dl 是直接人工成本；T 是工时定额；p 是平均小时工资标准；r 是附加工资对标准工资的百分比；m 是人工数量。

（2）银行的间接费用一般可归集为以下几类：一是管理性作业和维持性作业，包括场地、餐饮、安全、系统开发、财务控制、人事、战略规划、行政管理、公共关系和银行营销等；二是固定资产折旧及税金；三是水、电、气等能源动力费。

各类资源消耗，将资源消耗价值归集到资源库：

$$RC = \sum_{m(i)=1}^{M(i)} Vm(i) \tag{3-11}$$

第 $m(i)$ 种资源分配到第 i 作业的资源动因费率：

$$Dm(i) = \frac{Vm(i)}{\sum_{i=1}^{n} R[i,m(i)]} \qquad (3\text{-}12)$$

资源 $m(i)$ 分配到作业 i 的成本 $\Delta C[i,m(i)]$ 为：

$$\Delta C[i,m(i)] = Dm(i)R[i,m(i)] \qquad (3\text{-}13)$$

作业 i 的总成本为：

$$\Delta C(i) = \sum_{m(i)=1}^{M(i)} Dm(i)R[i,m(i)] \qquad (3\text{-}14)$$

第 i 种作业分配到产品、服务、作业 j 的作业动因分配率：

$$\theta(i,j) = \frac{\Delta C(i)}{\sum_{i=1}^{n} a(i,j)} \qquad i,j = 1,2,\cdots,n \qquad (3\text{-}15)$$

作业 i 流入到产品、服务、作业 j 的成本为：

$$C(i,j) = \theta(i,j)a(i,j) \qquad (3\text{-}16)$$

如果 j 不是最终产品和服务（即 j 属于内部节点），则 j 的累积成本为：

$$\begin{aligned} C(j) &= \sum_{i=1}^{j} \theta(i,j)a(i,j) + \Delta C(j) \\ &= \sum_{i=1}^{j} \theta(i,j)a(i,j) + \sum_{m(j)=1}^{M(j)} Dm(i)R[j,m(i)] \end{aligned} \qquad (3\text{-}17)$$

作业 j 的作业动因分配率：

$$\gamma(j) = \frac{C(j)}{\sum_{k=j+1}^{n} \beta(j,k)} \qquad k = j+1, j+2, \cdots, n \qquad (3\text{-}18)$$

j 作业流入 k 作业的作业成本：

$$C(j,k) = \gamma(j)\beta(j,k) \qquad (3\text{-}19)$$

作业 k 的总成本为：

$$\vec{C} = \sum_{j=1}^{N} \gamma(j) \times \beta(j,k) + \Delta C(k) \qquad (3\text{-}20)$$

否则，如果 j 节点是作业成本计算的终点——产品、服务，则该节点的作业成本为：

$$\vec{C} = \sum_{i=1}^{s} \theta(i,s)a(i,s) + D_m + D_l \qquad (3-21)$$

第四节 算 例

本书以系统费用为例说明第一成本中心资源费用向第二成本中心的分配过程。系统中心的费用包括：人工费用、场地费用、设备费用及其他费用，而系统费用中心的又可分为：计算机运行、系统维护、存储管理、通信管理、网络管理及辅助职能等明细作业。本书通过系统费用中心下的以上明细作业，将系统中心费用分配到第二作业中心，具体过程如图 3-4 所示。

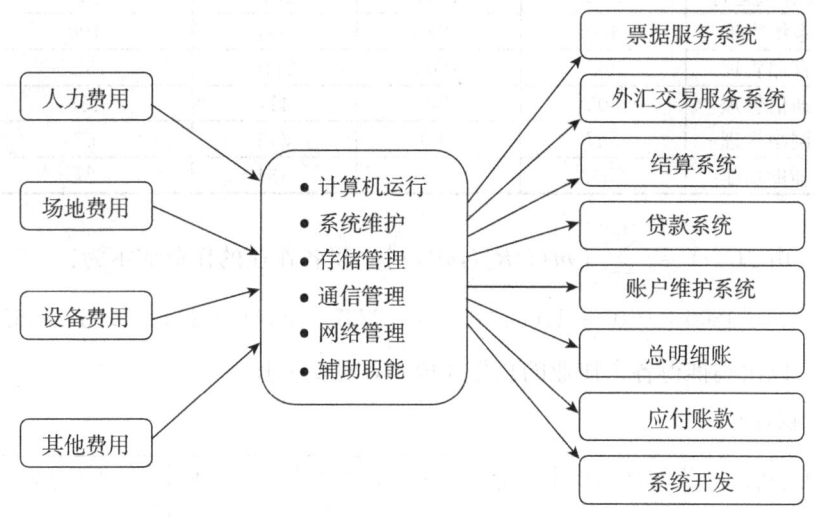

图 3-4 系统费用分配流程图

Fig. 3-4 The process of system expense assignment

假设各项资源的总费用如下,见例表Ⅰ。

例表Ⅰ

	人力费用	场地费用	设备费用	一般管理
总　　额	188	36	300	24

各费用的资源动因率及资源动因量见例表Ⅱ。

例表Ⅱ

	人力费用	场地费用	设备费用	一般管理
Dm（i）	0.03	0.005	20.89	0.03
R[i, m(i)]	6267	7200	6267	800

系统费用中各项费用在其明细作业的动因量分配情况见例表Ⅲ。

例表Ⅲ

作业	人力费用	场地费用	设备费用	其他费用
计算机运行	1800	1000	2757	200
系统维护	400	400	334	100
存储管理	467	1600	2110	33
通信管理	500	600	417	133
网络管理	567	800	313	67
辅助功能	2533	2800	334	27

由 $\Delta C(i) = \sum_{m(i)=1}^{M(i)} Dm(i)R[i,m(i)]$,得各作业的作业成本为:

$\Delta C(1) = 1800 \times 0.03 + 1000 \times 0.005 + 2757 \times 20.89 + 200 \times 0.03 = 262$

以次类推得各个作业的总作业成本,见例表Ⅳ。

例表Ⅳ

计算机运行	系统维护	存储管理	通信管理	网络管理	辅助功能
262	66	140	57	43	127

由公式 $\theta(i,j) = \dfrac{\Delta C(i)}{\sum_{i=1}^{n} a(i,j)}$,得各作业的成本动因分配率及成本动因量,见例表Ⅴ。

例表 V

	计算机运行	系统维护	存储管理	通信管理	网络管理	辅助功能
θ(i, j)	0.121	1.8	0.052	0.425	1.54	9.07
a(i, j)	2167	36	2667	134	28	14

各产品应用系统消耗各作业的作业动因量见例表 Ⅵ。

例表 Ⅵ

作业	计算机运行	系统维护	存储管理	通信管理	网络管理	辅助功能
票据服务系统	206	3	248	16	3	
外汇交易系统	173	3	209	13	3	
结算系统	355	6	438	29	6	
贷款系统	239	4	286	19	4	
账户维护系统	521	9	648	48	9	
总明细账	115	2	152	9	2	
应付账款	49	1	57	0	0	
系统开发	504	8	628	0	1	14

由公式 $C(i,j) = \sum_{i=1}^{j} \theta(i,j) a(i,j)$ 得各作业流入相应产品应用系统得成本为:

$$c(1,1) = 206 \times 0.121 + 3 \times 1.8 + 0.052 \times 248 + 16 \times 0.425 + 3 \times 1.54$$
$$= 53$$

以此类推得各作业分配到其他应用系统的费用,见例表 Ⅶ。

例表 Ⅶ

作业	计算机运行	系统维护	存储管理	通信管理	网络管理	辅助功能	总计
票据服务系统	25	6	13	5	4		53
外汇交易系统	21	5	11	4	3		44
结算系统	43	11	23	9	7		93
贷款系统	29	7	15	6	5		62

续表

作业	计算机运行	系统维护	存储管理	通信管理	网络管理	辅助功能	总计
账户维护系统	63	16	34	15	10		138
总明细账	14	4	8	3	2		31
应付账款	6	2	3	0	0		11
系统开发	61	15	33	0	1	127	170

本章小结

本章从作业的划分、成本动因的确定及商业银行作业成本模型三个方面系统地分析了商业银行作业成本核算体系，构建了基于业务流程的商业银行作业成本核算体系，为以下基于作业成本的商业银行经营决策奠定了基础。

第四章 基于作业成本的商业银行产品组合决策模型设计

随着金融市场竞争的日益激烈及用户对银行产品需求的多样化,商业银行新产品的开发速度也在不断加快,为了避免银行产品开发管理过程中的盲目性,必须明确商业银行各产品的盈利能力。本章首先进行了基于作业成本的本量利分析,在此基础上研究了银行各产品的盈利能力。然后基于作业成本率计算模型和基于作业的本量利分析模型构建了商业银行产品组合决策优化模型,以此来确定商业银行利润最大化条件下的产品组合,为商业银行进行产品组合决策提供了理论支持。

第一节 商业银行产品组合概述

产品组合是一个特定销售者售予购买者的一组产品,它包括所有产品线和产品项目。[111]在现代营销中,大多数的商业银行都是多产品或多品种经营者,都必须根据生产供需的变化和自身的经营目标确定产品的结合方式和经营范围。

目前,商业银行业务主要包括如下几大类[112]:

(1)负债业务:主要包括存款业务、债券回购业务、商业票据再贴现业务、发行金融债券等业务。

(2)资产业务:包括贷款业务、投资业务等。

（3）中间业务：包括结算业务、代理业务、信托业务、租赁业务、咨询业务、保管业务等。

（4）表外业务：包括贷款承诺、担保、利率货币互换业务、期权业务等。

（5）金融创新：即通过各种金融要素新的组合，为追求利润最大化而不断发展的金融改革。包括在传统资产负债业务基础上不断发展的更加人性化的储蓄业务、消费信贷业务、平衡租赁业务、更加复杂的互换业务、离岸业务以及属于金融制度创新的混业经营等。商业银行的这些业务也正是他们提供给金融市场的用于满足不同客户需求的商业银行产品。[113]

一、商业银行产品组合相关概念

商业银行的产品组合是动态的组合而非静态的组合。科学技术、市场需求、竞争形势和银行实力的发展变化，使企业的产品组合也需随之发生变化。无论商业银行采用何种类型的产品组合策略，都要随着银行内外部环境的变化而不断做出调整，或淘汰某些产品或开发新的产品，从而使产品组合保持最优化。商业银行产品组合是指商业银行向顾客提供的全部产品线、产品种类和产品项目的有机结合方式，即所有银行产品的有机构成。

产品线是指功能、市场、销售渠道或价格范围任一方面相似或相同的产品。这些产品具有类似的基本功能，可以满足客户的某一类需求。

产品类型是指产品线中各种可能的产品种类。如储蓄存款中的定期存款、活期存款分别属于不同的银行产品类型。

产品项目是金融产品划分的最小单位，是指某个特定的个别银行产品。商业银行的具体产品组合涉及宽度、长度、深度和密度四个方面：

（1）产品组合的宽度是指在产品组合中包含的产品线的多少。产品线越多则产品组合越宽。

（2）产品组合长度是指各产品线所包含的产品项目总数，产品项目越多产品组合越长。

（3）产品组合的深度是指在产品线中每项产品所拥有的品种数。产品组合深度越深，越可以占领同类产品更多的细分市场，满足更多客户的需求。

（4）产品组合的密度是指各条产品线在最终用途分销渠道或其他方面的相关程度，相关程度越高，其产品组合的密度就越高。

商业银行产品组合的宽度、长度、深度和密度不同就构成不同的产品组合。商业银行必须依据对消费者习惯、企业资源、市场竞争和企业成本利润等因素的现状与预期来进行产品组合决策。[114]

二、商业银行产品组合决策

商业银行产品组合决策是指商业银行综合考虑各种产品的成本水平、盈利能力及市场需求等多种因素，合理安排产品的品种结构，做出最优决策，使企业整体经济效益最大化。而所谓的商业银行最佳产品组合就是指给银行带来最大长期盈利的产品组合方式，是生产多种产品的商业银行在一定经济、技术条件下，决定优先生产哪种产品/服务，各种产品/服务生产多少的过程。最佳产品组合的选择就是根据商业银行在产品市场上所处的地位以及商业银行本身的实力，选择一定时期内生产产品的最佳组合。[115]商业银行可以采取的产品组合策略主要有两类。

（1）产品扩张策略。产品扩张策略是一种增加产品线或产品项目，扩大经营范围，以更多的产品去满足市场需要的策略。如果通过核算，商业银行的某种产品处于盈利状态，且发展趋势较好，则银行可以采用产品扩张的策略。商业银行产品扩张策略主要有以下三种：第一，拓宽银行产品组合的宽度；第二，拓展银行产品组合的长度；第三，拓展银行产品组合得深度，即在商业银行原有的产品线内增设新的产品项目，以丰富银行的产品种类，获得更广泛的顾客。

总之，产品扩张策略的优点足以使银行产品适应不同客户或同客户不同层次的要求，提高同一产品线的市场占有率，从而增强银行的竞争能力。其缺陷是新项目的开发可能要花费大量资金，导致银行经营成本的上升。

(2) 产品缩减策略。与产品扩张策略相反，产品缩减策略是指商业银行通过极少产品线或产品项目来缩小银行的经营范围，实现产品专业化，从而将有限资源集中于一些能带来较大盈利的产品组合上的策略。产品集中策略是以生产细分为基础，商业银行通过对生产调查与分割，选择出产品需求量特别大的市场，集中精力在这些产品上开展业务。该策略的优点是可以使银行发挥业务专长，提高服务质量，集中资源优势占领某一市场，并可以大大降低经营成本，获得更多盈利。其缺陷是银行经营集中于少数几个产品，不利于综合运用商业银行的各项资源；同时由于产品品种较少，客户过于集中，可能导致银行的应变能力有所下降，增加了经营风险。[116]

第二节　商业银行作业成本动因率模型

作业成本动因率是作业成本的关键问题之一，也是基于作业成本进行决策的核心问题，因为在基于作业成本的商业银行短期（作业不变）决策中，只有作业成本动因率是一个可变因素，因此本书在进行商业银行产品组合决策之前首先对商业银行的各作业的动因率进行研究。本书根据资源类型的不同，将商业银行的各资源分为约束性资源和弹性资源，分别对其对作业成本动因率的影响进行讨论，在进行约束性资源分析过程中对未用作业能力进行了充分考虑，在此基础上构建了商业银行作业成本动因率确定模型，为下一步的产品组合决策奠定了基础。

一、作业成本动因率的影响因素分析

商业银行的成本动因率不是一成不变的，而是随着一些影响因素（资源价格、熟练程度、技术进步、规模经济等）的变化而变动，下面分别讨论各影响因素对作业成本动因率的影响。

（1）资源价格。ABC中成本动因率分为资源动因率和作业动因率两种，资源价格直接影响资源动因率，并通过资源动因分配到作业从而间接的影响作业动因率。资源动因率是资源价值总和与资源动因量的比值，所以，资源价格的波动直接影响各作业的成本动因率，资源价格上涨，资源动因率上升，反之，资源动因率下降。

（2）学习。学习指通过学习提高作业效率从而降低成本动因率。该指标主要影响涉及人工的作业成本动因率。随着人工熟练程度的增加，工作效率不断提高；而随着社会的进步，人员工资水平也在不断提高，如果工作效率的提高率大于人工工资的提高率，人工成本动因率下降，否则，人工成本动因率上升。

（3）作业能力利用。作业能力是充分利用还是未充分利用，对单位产品成本影响很大，原因是银行固定成本的存在。当产品达到设计能力，作业能力利用率最高时，作业动因率最低、单位产品成本最低。对于固定营业费用高的银行来说，生产能力利用程度对作业成本动因率有较大影响。

（4）技术进步。在企业的价值活动中，技术对企业价值的贡献份额越来越大。技术对企业成本的影响有两个方面，一方面，新技术的采用可能降低成本，除了注意能保持当前企业成本领先地位的技术之外，特别注意能为企业带来持久成本优势的创新技术；另一方面，技术变革常有较高的变革成本，这些成本包括技术开发成本、引进的巨额投资和可能的变革失败成本等。技术成本动因的确认有利于企业技术决策。通过技术成本动因的确认与分析有助于企业选择能够带来持久性成本优势的技术，有助于实现技术革新成本与所得利益的平衡，有助于企业选择合适自己的技术战略等。

二、作业成本动因率的确定方法

成本动因率是一个能代表银行内部技术水平、管理水平的重要指标，由于银行所掌握的资源各异，不同银行之间的成本动因率既有一定的可比性，又不完全一致，所以，本部分介绍成本动因率确定的一般方法。[117]

(1) 经验估算法。主要是依据技术人员和生产工人的实际经验，结合有关技术文件，考虑未来一定时期内生产技术组织条件等因素变化，综合确定出成本动因率的方法。这种方法比较简单，也容易估算，但凭经验估计，正确性差，不适宜规模较大或复杂性高的产品。

(2) 技术测定法。这是一种比较科学的方法。它是按照产品的设计结构、技术要求和工艺条件，按照"产品—作业—资源"的过程和步骤逐一测算出来，再结合实际生产条件加以修正而成。技术测定法确定出的数据比较准确，但计算工作量大，主要适用于图纸、工艺资料完整的标准产品生产过程的成本动因率确定。

(3) 实际查定法。该方法是根据企业生产活动的具体条件，选择那些有代表性的生产作业，在对物资消耗进行实际查定的基础上，制定出物资消耗定额即成本动因率定额标准。采用这种方法，一般要选择那些技术条件比较先进、生产过程熟练、劳动组织合理、消耗水平有代表性的作业对象。其优点是真实可靠，还能从实际查定中发现一些问题并加以修订；缺点是组织查定的工作量大而且典型对象不易选择，选择不好，容易发生较大偏差。实际查定法也可通过实验室模拟一定的生产条件，利用专门的仪器、设备，通过试验计算获得基础数据，然后根据实际生产情况加以修正。

（4）统计分析法。该方法是根据过去一定时期的统计资料计算出需要的数据，再利用修订系数进行调整后获得成本动因率。它以实际统计资料为依据，具有一定的科学性，而且基础数据容易获得，为大多数企业所采用，但要求所选用的统计期间和选取的统计资料有一定的代表性。

三、商业银行作业成本动因率确定

本书首先计算前一个会计期间实际的作业成本动因率，然后根据作业成本动因率的影响因素对下期作业成本动因率进行修订和调整。由于本书研究的是商业银行的定价决策、客户决策、产品组合决策等短期决策，所以以上作业成本动因率的影响因素中在短期内只有未用作业能力和资源价格是可变的。为分析方便，我们假定其中一个不变，对单因素变动进行分析，由于资源价格变动对成本动因率的影响在计算上相对容易，因此，我们在假定资源价格不变的情况下考虑未用作业能力对作业成本动因率的影响。

（一）作业成本动因率计算

假设资源动因率为 $Dm(i)$，资源价值为 $Vm(i)$，作业 $i(i=1,2,\cdots,n)$ 消耗的资源 $m(i)$ 的资源动因量为 $R[i,m(i)]$，则资源 $m(i)$ 的资源动因率为[118]：

$$Dm(i) = \frac{Vm(i)}{\sum_{i=1}^{N} R[i,m(i)]} \tag{4-1}$$

假设作业 $i(i=1,2,\cdots,n)$ 的作业动因率为 $\theta(i,j)$，作业 i 分配到 $j(j=1,2,\cdots,H)$，产品的作业动因量为 $a(i,j)$，则作业 i 的作业动因率为：

$$\theta(i,j) = \frac{\sum_{m(i)=1}^{M(i)} Dm(i)R[i,m(i)]}{\sum_{j=1}^{H} a(i,j)} \qquad (4\text{-}2)$$

由于在短期内作业变动（削减或增加）的可能性很小，所以在确定作业动因分配率时，不考虑单位产品消耗作业量的变化，不会对作业成本动因率有太大影响。因此，在确定作业动因分配率时，主要考虑资源动因分配率的变化引起的作业成本动因率的变化。

（二）未用作业能力对资源动因率的影响模型

作业的未用能力来自作业成本的固定部分和长期变动部分。正是因为在制订计划作业成本分配率时将作业中心的固定成本全部考虑进去并按照计划作业量进行成本分摊，所以当作业使用量没有达到计划时，将出现相对能力过剩，即有部分作业能力未用，这就会引起作业未用能力成本。下面从资源的角度来分析未用作业能力问题。

为分析方便将银行的所有资源分为弹性资源和约束资源。约束性资源是指实际工作完成之前取得或已经有协议约束的资源，是一种推动式资源，一般都是在多期间内使用，包括经营场所、信息系统、固定设备和某些订立长期合同的人力资源等，一般对应作业成本的固定部分或长期变动部分。约束性资源的需求和供给往往是不平衡的，即存在剩余能力。约束性资源成本是指约束性资源在会计期间内应计的成本，它不同于资源的取得成本。约束性资源成本与作业的计划、预算水平相联系，而与期间内实际使用资源的数量无关，因此成本函数是阶梯型函数。弹性资源是指可以根据实际需求情况随时进行调节的资源，是一种需求拉动式资源，一般对应产品的变动成本部分。弹性资源没有能力限制，用于生产产品和提供服务的实际作业水平决定了弹性资源供应和使用的数量。弹性资源的需求和供给往往是平衡的，不会存在剩余能力。弹性资源成本就是弹性资源的取得成本，是随作业量变动而成正比例变动的成本。另外，许多资源兼有约束性资源和弹性资源的性质，相应的资源成本表现为混合成本的形式，此时就可以采取某种恰当的算法将该成本分解为约束性资源成本和弹性资源成本。

对于商业银行而言，其约束性资源约占非利息成本的60%，是作业成本分析中的关键部分，当然对于不同的银行而言，由于规模、性质、自动化程度不同，不同类型资源的比重是各不相同的。此外，一定条件下约束性资源和弹性资源可以相互转换。

1. 模型的假设

西安交通大学汪方军讲师对资源成本模型进行了相应研究，分弹性资源和约束性资源，并分别建立了资源成本模型。[119]本书构建的作业成本动因率计算模型是借鉴汪方军的资源成本模型，建立在以下假设条件基础上的短期成本动因率计量模型。

（1）该模型适合商业银行短期经营决策；

（2）决策行动对银行作业、作业量的影响是已知的；

（3）通过比较决策行动的增量收益（已知，或者是可以计量或估计）和增量成本（通过作业成本率计算模型可以计算得到），银行管理部门可以决策是否继续或取消该项行动；

（4）相同的资源在执行不同作业时可以相互转移；

（5）不同资源之间是相互独立，不可以相互替代的；

（6）取得或放弃约束性资源应当按"块"进行，而不能够随意分割。约束性资源的"块"的能力大于零，弹性资源的"块"的能力等于零或非常接近于零；

（7）模型中不考虑与作业没有关联或相关性很弱的资源耗费，如捐赠支出、资本运营过程中新增无形资产在未来的摊销费用等；

（8）资源进入或退出市场的障碍非常低，不会出现资源短缺和资源过剩的附加成本；

（9）不考虑资源价格改变及增值问题和资源的其他用途可能收益产生的机会成本；

（10）长期资源按照成本计价，并且按照直线法在各个期间摊销，这样长期资源在其经济期限内的各期资源成本是相同的——这个假设的目的是将资源的取得成本和资源的实际消耗成本区别开来；

（11）短期内不考虑学习曲线的影响，即企业内部短期内无法自觉地提高作业的效率，除非采取持续改善的行动。

2. 模型中相关参数定义

模型中使用到的主要参数见表 4-1。

表 4-1 作业成本动因率模型参数
Table 4-1 The model parameter of activity driver

参 数	解 释
$N(i)$	作业 $i, i = 1, 2, \cdots, N$
$M(i)$	资源 $m(i), [m(i) = 1, 2, \cdots, M(i)]$
$V_{m(i)}$	当前资源 $m(i)$ 的成本，$V'_{m(i)}$：期望（预计）资源 $m(i)$ 的成本
$R[i, m(i)]$	当前作业 i 消耗资源 $m(i)$ 的作业量，$R'[i, m(i)]$ 期望（预计）作业 i 消耗资源 $m(i)$ 的作业量
$\bar{V}_{m(i)}$	"一块"资源 $m(i)$ 的成本，$\bar{R}[i, m(i)]$：作业 i 消耗"一块"资源 $m(i)$ 的作业量水平
$\hat{V}_{m(i)}$	剩余资源 $m(i)$ 的成本

3. 资源动因率模型建立

对于银行整体而言，N 个作业消耗 M 种资源 $m(i) = 1, 2, \cdots, M$，每一种资源都可能用于所有 N 个作业，而且每一个作业也都可能使用所有种类的资源，此时资源和作业是一个复杂的多对多的资源——作业关系网络。

（1）若资源 $m(i)$ 为弹性资源，即块的能力等于零，则期望（预计）

的资源成本为：

$$V'm(i) = \frac{Vm(i)}{\sum_{i=1}^{N}R[i,m(i)]}\sum_{i=1}^{N}R'[i,m(i)] \qquad (4\text{-}3)$$

此时，单位作业量消耗的资源成本也即作业成本动因率不变，即：

$$\frac{V'm(i)}{\sum_{i=1}^{N}R[i,m(i)]} = \frac{V'm(i)}{\sum_{i=1}^{N}R[i,m(i)]} \qquad (4\text{-}4)$$

(2) 若资源 $m(i)$ 为约束性资源，即块的能力大于零，则期望（预计）资源成本为：

$$V'm(i) = -INT\left[-\frac{\sum_{i=1}^{N}R'[i,m(i)]}{\overline{R}[i,m(i)]}\right]\overline{V}m(i) \qquad (4\text{-}5)$$

其中，$INT()$ 是 exel 函数中的取整函数。

此时的成本动因率为：$\dfrac{V'm(i)}{\sum_{i=1}^{N}R'[i,m(i)]}$，是成本动因量的阶梯函数，

$\left[\dfrac{\sum_{i=1}^{N}R'[i,m(i)]}{\overline{R}[i,m(i)]}\right]$ 为整数的点，为该函数的跳跃点，也是在该点 $m(i)$ 的供给与需求平衡，剩余资源成本等于零，否则存在剩余资源成本为：

$$\hat{V}m(i) = V'm(i) - \left[\frac{\sum_{i=1}^{N}R'[i,m(i)]}{\overline{R}[i,m(i)]}\right]\overline{V}m(i)$$

（三）资源价格对作业成本动因率的影响

资源成本动因率是作业消耗的资源价值和作业动因量的比值，而资源的价值是由资源的数量和资源的价格决定的，单位作业消耗的资源动因量在短期内变化的可能性很小，这需要学习能力的提高、技术进步、作业效率提高等因素的推动，而这些在短期内变动不大。因此，本书只考虑资源价格的变动对作业成本动因率的影响。

不论是弹性资源还是约束性资源，其价格的影响都是相同的，由于未用作业能力分析将其分成两种情况考虑，以下资源价格的影响亦按两种情况进行分析。

参数说明：$Pm(i)$：表示 $m(i)$ 资源的当前单位价格；

$P'm(i)$：表示 $m(i)$ 资源的期望价格；

$Qm(i)$：表示某个会计期间内 $m(i)$ 的需求数量。

模型假设：在以上未用作业能力模型假设基础上，假设短期内单位作业消耗的资源动因量不变。

基于资源价格变动的作业成本动因率确定如下：

(1) 若 $m(i)$ 为弹性资源，由式（4-3）则期望（预计）的资源成本为：

$$V'm(i) = \frac{P'm(i)Qm(i)}{\sum_{i=1}^{N}R[i,m(i)]}\sum_{i=1}^{N}R'[i,m(i)]$$

则，i 作业消耗资源 $m(i)$ 的期望作业动因分配率为：

$$\frac{V'm(i)}{\sum_{i=1}^{N}R[i,m(i)]} = \frac{Qm(i)P'm(i)}{\sum_{i=1}^{N}R[i,m(i)]} \quad (4\text{-}6)$$

(2) 若 $m(i)$ 为约束性资源，由式（4-5）可知，其期望的资源成本为：

$$V'm(i) = -\text{INT}\left[-\frac{\sum_{i=1}^{N}R'[i,m(i)]}{\overline{R[i,m(i)]}}\right]P'm(i)$$

其成本动因率为：

$$\frac{V'm(i)}{\sum_{i=1}^{N}R'[i,m(i)]} \quad (4\text{-}7)$$

第三节 基于作业成本的本量利分析

一、基于作业的成本性态分析

ABC 以作业为纽带，将产出与资源消耗联系起来，可准确描述产出、作业和资源消耗三者之间的依存关系。依据它们之间的相互关系的不同，可将成本按其性态划分为数量动因变动成本、作业动因变动成本和固定成本。

（1）数量动因变动成本。数量动因变动成本与传统管理会计中的变动成本类似。在传统管理会计中被定义为"在相关范围内随产量变动呈比例变动的成本"。从 ABC 角度看，数量变动成本就是与单位层次作业有关，在相关范围内随单位层次作业变动成比例变动的成本。单位层次成本一般与产品产量呈正相关关系，因此数量动因变动成本的成本动因是产品产量或与产量密切相关的工时、机时等。数量动因变动成本随这些成本动因呈正比例变动，而单位变动成本（或成本动因率）在相关范围内保持不变。

（2）作业动因变动成本。作业动因变动成本是指在相关范围内随着作业量变动呈正比例变动的成本。

（3）固定成本。固定成本是指在相关范围内既不随数量基础成本动因变动，也不随基于作业成本的成本动因变动，其总额保持稳定不变的成本。例如，银行的行政管理部门人员的工资费用、房屋、非生产用设备等固定资产的折旧费用，审计咨询费用等。固定成本主要是维持性作业消耗的资源费用，因此，凡设施层次作业成本均属于固定成本。

设银行经营的产品和服务的种类为 h，第 j 种产品或服务的产量为 Q_j，单位变动成本为 b_j，第 j 种产品消耗 i 种作业的数量为 $a(i,j)(i=1,2,\cdots,N, j=1,2,\cdots,H)$，单位作业成本为 $\theta(i,j)$，固定成本总额为

f，总成本为 TC，则基于 ABC 的成本性态分析模型为：

$$TC = \sum_{j=1}^{H} b_j x_j + \sum_{j=1}^{H}\sum_{i=1}^{N} \theta(i,j)a(i,j) + f \tag{4-8}$$

设银行某种产品或服务的产量为 Q，单位变动成本为 b，单位产品消耗 j 种作业的数量为 $a(i,j)$，单位作业成本为 $\theta(i,j)$，固定成本总额为 f，总成本为 TC，则基于 ABC 的成本性态分析模型为：

$$TC = bQ + Q\sum_{i=1}^{N} \theta(i,j)a(i,j) + f \tag{4-9}$$

二、基于作业的本量利模型设计

以上对基于作业成本的本量利分析进行了论述，下面讨论基于作业成本的本量利模型。所谓基于作业成本的本量利模型是指在基于作业成本的成本性态和作业成本法的基础上运用数量化模型揭示企业短期变动成本、长期变动成本和固定成本。在此基础上研究相关的产销量和作业量、销售单价和利润之间在数量上的相互影响。西安交通大学（汪方军、王平心等）对基于作业成本的保本分析进行了研究，并构建了基于作业成本的保本作业分析模型。[120]

在作业成本性态分类的基础上，基于作业成本的本量利模型的前提假设主要有：①商业银行以利润最大化为目标，而且盈利突破零（即保本）是其关键信息；②单位产品/服务的价格是常量，收入函数只是销售数量的一个影响变量，并且是线性关系；③由于作业成本法下固定成本占总成本的比重较低，为分析方便，这部分成本只使用一般分配方法对其进行分摊（不采用作业成本法），此时固定成本可以表示为：$f = \sum_{h=1}^{H} f_h$（f_h 表示分摊给 h 产品的固定成本）；④模型需要的所有参数是确定的。

根据上述假设，以上各个参数之间的关系可以用多元线性模型表示。设商业银行的利润总额为 Π，据式（4-8）及其基本假设可得商业银行整体的基于作业成本的本量利模型为：

$$\Pi = \sum_{j=1}^{H}[(p_j - b_j)x_j] - \sum_{j=1}^{H}\sum_{i=1}^{N}[\theta(i,j)a(i,j)] - f \quad (4\text{-}10)$$

对于任一 j 产品，基于作业成本的本量利基本公式为：

$$\Pi_j = (p_j - b_j)x_j - \sum_{i=1}^{N}[(i,j)a(i,j)] - f_j \quad (4\text{-}11)$$

第四节　基于作业的商业银行产品决策

一、基于盈亏平衡作业量分析的商业银行产品盈利能力分析

商业银行的盈亏平衡作业量分析是在银行经营的产品/服务的贡献毛益（产品价格－产品变动成本）不变的前提下，研究当银行经营的所有产品都实现损益平衡时各个产品相应的成本、作业量和利润关系的一种定量分析方法。进行盈亏平衡作业量分析，主要是得到一个使各个产品的损益为零时的均衡作业量组合。

设 j 产品的作业成本总额为 D_j，令利润 $\Pi_j = 0$，由于贡献毛益和固定成本保持不变，因此 D_j 为常数，根据式（4-10）可得：

$$\sum_{i=1}^{N}[\theta(i,j)a(i,j)] = D_j \quad (4\text{-}12)$$

于是全部盈亏平衡作业量点就构成了以作业成本为系数的作业量的线性组合。$n = 1$ 时，它表示的是一个点；当 $n = 2$ 时，是一条非负线段；$n = 3$ 时，是一个非负平面；$n > 3$ 时，是一个非负的超平面，称之为盈亏平衡作业量超平面。[120]

首先通过求每个作业的盈亏平衡顶点来构造整个盈亏平衡作业量集合。求第 $i(i = 1,2,\cdots,n)$ 个作业顶点时，首先设 j 产品消耗其他作业 $k(k = 1,2,\cdots,N, k \neq i)$ 的作业量 $a(k,j)$ 为零，然后计算出第 j 个分量 $a(i,j) = a(i,j) = \dfrac{D_j}{\theta(i,j)}$；计算得到的 N 个盈亏平衡顶点的凸组合，其中任

意一个盈亏平衡作业量点都可以由这 N 个顶点的凸组合来表示，因此整个盈亏平衡作业量集合就是这 N 个顶点的非负线性组合。所以 j 产品的盈亏平衡作业量集合可以确定为：

$\{(\lambda_1 D_j/\theta(1,j), \lambda_2 D_j/\theta(2,j), \cdots, \lambda_n D_j/\theta[(n,j)] | \lambda_i \in [0,1]\}$（且 $\sum_{i=1}^{N} \lambda_i = 1, j = 1, 2, \cdots, H$）

通过以上盈亏均衡作业量分析，可以在商业银行产品/服务销量确定的前提下寻求使得产品/服务损益相等的盈亏平衡作业量点。盈亏平衡作业量点是所有作业消耗作业量的共同组合，它构成了一个盈亏平衡作业量超平面。如果商业银行的某产品/服务消耗作业量组合恰好处于超平面上，则该产品处于盈亏平衡状态；否则如果某产品/服务消耗作业量组合处于超平面的外侧，则该产品/服务处于亏损状态；最后如果某产品消耗作业量组合处于超平面内侧，该产品处于盈利状态。商业银行产品经理可以依此识别出各种产品所提供的贡献毛利，并把营销/销售资源集中在最大利润的产品和服务组合上；部门经理可以运用这方面信息，发现盈利性产品组合，并激励客户经理进行交叉销售。

二、基于作业的本量利分析的商业银行产品组合决策

基于作业的产品组合决策是指通过将作业成本动因率模型和基于作业的本量利模型相结合，规划出使银行获利最大的产品种类及产品规模的组合，从而产生更优的决策效果。

（一）目标函数的确定

基于作业成本的商业银行产品组合决策的目标函数建立必须遵循如下假设：

（1）产品生产的决定因素不仅与产品的贡献毛益有关，而且与产品消耗的作业量和单位作业成本相关；

(2) 资源具有排他性，即生产较多的 A 产品会导致约束资源耗用数量增加，剩余用于生产其他产品的约束资源减少，从而导致生产较少的 B 产品甚至无法生产该产品；

(3) 固定成本不随产品产量、作业量的变动而变化，因此在组合决策目标函数中不考虑固定成本的影响。

设银行提供 H 种产品，第 j 产品的产量为 x_j，第 j 种产品的价格为 P_j（一定会计期间内的该产品的平均价格），以 Π 表示银行全部产品贡献毛益，则商业银行产品组合决策的目标函数为：

$$\max \Pi = \sum_{j=1}^{H}\left[(p_j - b_j)x_j - \sum_{i=1}^{N}\theta(i,j)a(i,j) - f_j\right]$$

$$= \sum_{j=1}^{H}(p_j - b_j)x_j - \sum_{j=1}^{H}\sum_{i=1}^{N}\frac{\sum_{m(i)=1}^{M(i)}\frac{V'm(i)}{\sum_{i=1}^{N}R'[i,m(i)]}R[i,m(i)]}{\sum_{i=1}^{n}a(i,j)}a(i,j) - f_j$$

(4-13)

（二）基于作业的商业银行产品组合决策模型的约束条件设计

(1) 需求量约束。对于产品层次而言，最优产品生产组合中各产品的最大产量受到市场需求量的限制，称为需求量约束。

设商业银行产品 j 的最大需求量为 X_j，则该约束条件为：

$$0 \leqslant x_j \leqslant X_j, j = 1, 2, \cdots, H \quad (4-14)$$

(2) 作业能力约束。与单位产品消耗的作业量相关的约束。单位产品消耗的作业成本一般与作业量成正相关关系，所以生产产品的最大产量受到单位水平作业能力限制，称为作业能力约束。

设 i 作业的最大作业能力为 $B(i)$，则该约束条件为：

$$\sum_{j=1}^{H}a(i,j)\theta(i,j) \leqslant B(i) \quad (4-15)$$

(3) 资源约束。各作业消耗的资源与资源动因量成正比，假设 $m(i)$

资源的最大能力为 $Bm(i)$，则资源约束条件为：

$$\sum_{i=1}^{N} Dm(i)R[i,m(i)] \leqslant Bm(i) \qquad m(i)=1,2,\cdots,M(i) \quad (4\text{-}16)$$

（4）整数约束。对于商业银行的约束资源，一般都是以"块"的形式出现的，因此这类资源必须为整数。

（5）非负约束。商业银行产品的成本，作业的消耗量等因素必须非负，则该约束条件为：

$$a(i,j) \geqslant 0 (i=1,2,\cdots,N; j=1,2,\cdots,H) \quad x_j \geqslant 0 \quad (4\text{-}17)$$

根据以上商业银行产品组合决策目标函数确定和约束条件分析，我们可以得出如下商业银行产品组合决策的优化模型：

$$\max \Pi = \sum_{j=1}^{H}(p_j-b_j)x_j - \sum_{j=1}^{H}\sum_{i=1}^{N} \frac{\sum_{m(i)=1}^{M(i)} \frac{V'm(i)}{\sum_{i=1}^{N} R'(i,m(i))} R[i,m(i)]}{\sum_{i=1}^{n} a(i,j)} a(i,j) - f_j$$

$$s.t. \begin{cases} \sum_{j=1}^{H} a(i,j)\theta(i,j) \leqslant B(i) \\ \sum_{i=1}^{N} Dm(i)R[i,m(i)] \leqslant Bm(i) \\ 0 \leqslant x_j \leqslant X \\ a(i,j) \geqslant 0, x_j \geqslant 0 \end{cases}$$

第五节 算 例

假设信贷部门在某年发生的成本费用如下：经营管理费用 22.5 万元，其中工资及福利费 20 万元、电信费 0.8 万元、办公用品费 1.2 万元、水电费 0.5 万元；本月发放流动资金贷款 10 亿元，筹集的资金成本为 2520 万元，提取风险准备 1000 万元。根据分析，我们得出各项经营管理费用的动因、动因总量,并计算出各项经营管理费用的单位成本动因分配率。由于资金成本、风险准备可以直接分配到产品,因此采用虚拟作业直接分配。其贷款业务作业成本核算如图 4-1 所示。

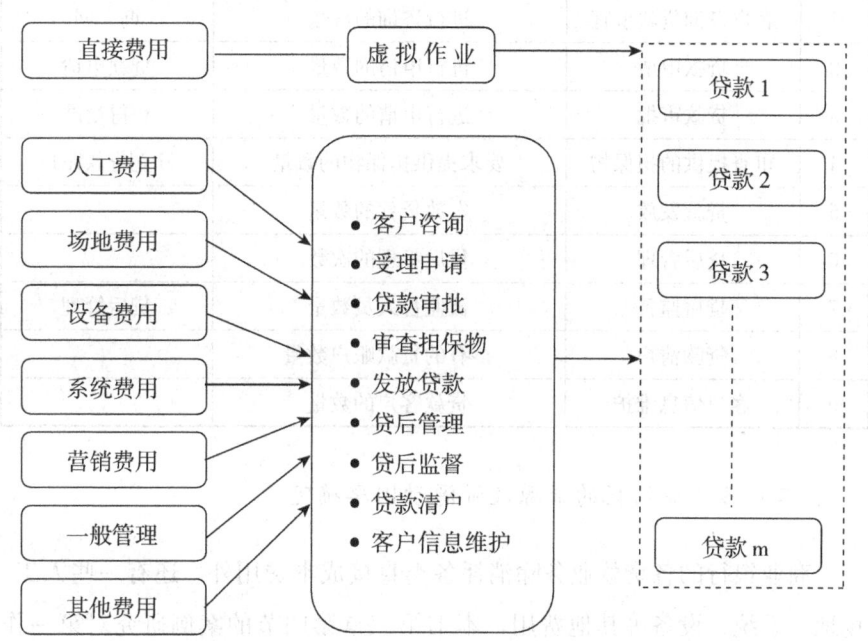

图 4-1　商业银行贷款业务作业成本核算流程图

Fig. 4-1　The activity-based costing process of commercial banks loan

一、商业银行信贷部门各作业成本动因率的确定

(一)商业银行信贷部门的作业及作业动因

商业银行信贷部门主要包括贷款咨询、贷款申请、获得批准、开立贷款账户和贷后管理五个作业中心,各作业中心又包括若干项作业,各作业又有其相应的成本动因,见表 4-2。

表 4-2 信贷部门作业及作业动因表

Table 4-2　The activities and activity drivers of loan

序号	作　业	作业计量指标	作业中心
1	客户咨询贷款事宜	进行咨询的次数	询　问
2	贷款申请	进行申请的数量	贷款申请
3	贷款审批	进行申请的数量	获得批准
4	审查提供的担保物	要求提供担保物的数量	开立贷款账户
5	贷款发放	发放贷款的数量	
6	贷后管理	贷后管理的次数	
7	贷后监督	被监督人员数量	贷后管理
8	贷款清户	持有的贷款账户数量	
9	客户信息维护	贷款客户的数量	

（二）各作业消耗的资源及资源动因率确定

商业银行的各贷款业务除消耗各类直接成本费用外，还有一些人工、场地、系统、设备等其他费用，本书第三章第四节的案例研究对第一作业中心向第二作业中心分配问题进行了探讨，这里不再赘述，下面分析第二作业中心中各作业的作业成本动因分配率。

以银行的非利息费用为例，假设某行个人信贷部共 5 人，其中经理 1 人，信贷专审 2 人，信贷员 1 人，经理占用 20 平方米，两位专审各占用 10 平方米，客户经理 10 平方米，信贷员占用 10 平方米，营业大厅的面积为 50 平方米，共计 110 平方米。场地租金（包括水电费）为 6.6 万元。在本例中，个贷部租用了一个广告位进行"个人住房贷款"宣传（耗费 2 万元），参与了两次车展并现场进行"个人汽车贷款"的宣传（耗费了 0.5 万元），都是直接成本。

但是，其中也会有一些营销广告和公共关系费用只能归为维持性成本，而不能将它们分配到特定产品或业务领域中。该部门的其他费用见表 4-3。

表 4-3 贷款业务部门间接费用表
Tabal 4-3 The overhead expenses of loan department

资源项目	明细项目	资源动因	实际金额
人力费用	薪金、社会保障等	工时	210000
场地费用	房租、水电	平方米	66000
系统费用	维护信息系统成本	Cpu 小时	30000
折摊费用	各种设备折旧	折旧年限	24000
事务费用	交通费	次数/距离	5000
	办公用品费用	纸张等	6000
	电信费	通话时间、次数	17000
营销费用	广告、公共关系	产品数量、推广次数	25000
监督费用	经理监督下属		9600

表 4-4 贷款业务资源动因率分配表
Table 4-4 The resource drivers rate of loan business

资源项目	资源动因		资源动因量	资源价值	资源动因分配率
人工费用	工时	经理	2000	60000	30
		20 专审	4000	80000	
		15 信贷员	2000	30000	
		20 客户经理	2000	40000	
场地费用	平方米	经理	20	12000	6
		专审	20	12000	3
		信贷员	10	6000	3
		客户经理	10	6000	3
		大厅	50	30000	贷款申请
系统成本	交易次数			3000	
折摊费	折旧年限		800	24000	3
交通费				5000	

续表

资源项目	资源动因		资源动因量	资源价值	资源动因分配率
办公用品				6000	
电话费				17000	
营销费	广告数量			25000	
监督费用	工时	经理	6000	9600	1.6

表 4-5 贷款业务各作业的作业成本

Table 4-5 The activity cost of loan business

作业	消耗工时	人力费用	场地费用	系统费用	电信费	监督费用	营销费用	作业成本
贷款咨询	信贷员 500	7500	1500		7600	800		17400
受理申请	信贷员 750	11250	31500			1200		43950
贷款审批	专审 1250 经理 1250	62500	11250			2000		75750
审核提供的担保物	专审 2000	40000	6000			3200		49200
发放贷款	经理 500	15000	3000		3000			21000
贷后管理	专审 750	15000	2250		4500	1200		22950
贷后监督	经理 200	6000	1200		1800			9000
向他部门提供服务	经理 50	1500	300					1800
信贷系统维护	信贷员 500	7500	1500	30000		800		39800
贷款回收	信贷员 250	3750	500			400		4650
客户开拓	客户经理 1000	20000	3000		3000		25000	51000
客户支持	客户经理 1500	30000	4500		2000			36500
客户维护	客户经理 1500	30000	4500		4500	5000		44000

表 4-6 贷款业务各作业的作业成本动因率

Table 4-6　The activity cost driver rate of loan business

作业	作业成本动因	作业动因量	作业成本动因率
贷款咨询	提供咨询的次数	4000 次	4.35
受理申请	申请贷款笔数	1000 笔	43.95
贷款审批	申请贷款笔数	1000 笔	75.75
审核担保物	担保物的数量	850 个	57.88
发放贷款	实际发放贷款笔数	800 笔	26.25
贷后管理	信贷资产监察次数	1000 次	22.95
贷款信息系统维护	Cpu 小时	500 小时	79.60
贷款回收	实际贷款清户数量	200 账户	23.25
客户开拓	客户数量	150 户	340.00
客户支持	客户数量	300 户	121.67
客户维护	客户数量	300 户	146.67

二、基于盈亏平衡作业量分析的银行产品盈利能力分析

为分析各类产品的盈利能力，首先测算商业银行各贷款业务的平均额度、期限和利率，可根据商业银行某个会计期间内的实际情况分析获得，假设经分析整理，某商业银行个人贷款部门某个年度内的各类贷款业务的平均额度、期限和利率见表 4-7。

表 4-7 各类贷款业务情况表

Table 4-7　The situations of every kind of loan business

业务类型	平均额度	平均期限	平均利率
个人住房消费贷款	30.0 万元	15	5.91%
个人汽车消费贷款	6.0 万元	5	5.85%
个人助学消费贷款	2.5 万元	4	5.25%
小额商业用房贷款	18.0 万元	10	5.45%

表 4-8 各类贷款的直接成本

Table 4-8 The direct costs of every kind of loan business

业务类型	资金成本率	一般准备	经济资本系数	经济资本回报
个人住房消费贷款	2.82%	1%	4%	20%
个人汽车消费贷款	2.45%	1%	3%	20%
个人助学消费贷款	2.45%	1%	2%	20%
小额商业用房贷款	2.78%	1%	4%	20%

表 4-9 各类贷款直接成本和收入

Table 4-9 The direct costs and incomes of every kind of loan business

业务类型	利息收入	资金成本	风险准备	经济资本	毛利润
个人住房消费贷款	26.595	12.690	0.300	0.240	13.365
个人汽车消费贷款	1.755	0.735	0.060	0.036	0.924
个人助学消费贷款	0.525	0.245	0.025	0.010	0.245
小额商业用房贷款	9.810	5.004	0.180	0.144	4.482

则该银行个人贷款部门中个人住房消费贷款的利润 Π_1 可以表述为：

$$\Pi_1 = 13.365 - 4.35 y_{11} - 43.95 y_{12} - 75.75 y_{13} - 57.88 y_{14}$$
$$- 26.25 y_{15} - 22.95 y_{16} - 79.6 y_{17} - 23.25 y_{18}$$

由于对于每一笔贷款的贷款申请、贷款审批、贷款发放、贷款清户基本都是一次作业，所以上式就可以简化为：

$$\pi_1 = 133650 - 43.95 - 75.75 - 26.25 - 23.25 - 4.35 y_{11}$$
$$- 57.88 y_{14} - 22.95 y_{16} - 79.6 y_{17}$$
$$= 133480.8 - 4.35 y_{11} - 57.88 y_{14} - 22.95 y_{16} - 79.60 y_{17}$$

同理得：

$$\pi_2 = 9070.8 - 4.35 y_{11} - 57.88 y_{14} - 22.95 y_{16} - 79.6 y_{17}$$
$$\pi_3 = 2280.8 - 4.35 y_{11} - 57.88 y_{14} - 22.95 y_{16} - 79.60 y_{17}$$
$$\pi_4 = 44650.8 - 4.35 y_{11} - 57.88 y_{14} - 22.95 y_{16} - 79.60 y_{17}$$

令总利润 $\pi_i = 0$ 得：

住房贷款业务的盈利能力分析如下：

$4.35y_{11} - 57.88y_{14} - 22.95y_{16} - 79.6y_{17} = 133480.8$

为求解方便，本书通过该产品的盈亏平衡点来构造该产品的盈亏平衡作业超平面，通过计算得四个顶点坐标值分别为：（30685，0，0，0）、(0，2306，0，0，0)、(0，0，5816，0)、(0，0，0，1676)。一般商业银行住房贷款要经过三次咨询、五次担保物审核、30 次贷后管理和 15 次信息系统维护，则其作业成本为：$3 \times 4.35 + 5 \times 57.88 + 30 \times 22.95 + 15 \times 79.60 = 2184.95$（元），小于 133480.8，在该产品的盈亏平衡作业超平面内，所以商业银行住房贷款业务是盈利产品，平均每笔业务盈利 133480.8－2184.95＝131295.9（元）。

汽车消费贷款业务的盈利能力为：

$4.35y_{11} - 57.88y_{14} - 22.95y_{16} - 79.60y_{17} = 9070.80$

住房汽车贷款的盈亏平衡作业超平面的四个顶点为：（2085，0，0，0）、(0，156，0，0)、(0，0，395，0)、(0，0，0，113)。一般商业银行个人汽车贷款要经过三次咨询、三次担保物审核、十次贷后管理和五次信息系统维护，则一笔个人汽车贷款的作业成本为：$3 \times 4.35 + 3 \times 57.88 + 10 \times 22.95 + 5 \times 79.60 = 814.20$（元），小于一笔个人汽车贷款的毛利润 9240 元，因此该产品消耗的作业量处于其盈亏平衡作业超平面内，是盈利产品，平均每笔个人汽车贷款业务盈利为：9070.8－814.2＝8256.6（元）。

个人助学消费贷款的盈利能力为：

$4.35y_{11} - 57.88y_{14} - 22.95y_{16} - 79.6y_{17} = 2280.80$

个人助学消费贷款的盈亏平衡作业超平面的四个顶点分别为：（524，0，0，0）、(0，39，0，0)、(0，0，99，0)、(0，0，0，28)。商业银行一笔个人助学消费贷款一般要经过两次咨询、0 次担保物审核、8 次贷后管理和 4 次贷款信息系统维护，则平均每笔个人助学消费贷款的作业成本为：$2 \times 4.35 + 0 \times 57.88 + 8 \times 22.95 + 4 \times 79.60 = 510.7$（元），小于每笔个人助学消费贷款的毛利润 2280.8 元,处于个人助学消费贷款业务盈亏平衡作业超平面内侧,因此该产品属于盈利产品,平均每笔个人助学消费贷款业务盈利为 2280.8－510.7＝1770.1(元),可见虽然国家对于个人助学贷款有利息补贴,但是每笔个人助学消费贷款的盈利仍非常少,属于微利产品。

小额商业用房贷款的盈利能力为:

$4.35y_{11} - 57.88y_{14} - 22.95y_{16} - 79.6y_{17} = 44650.80$

小额商业用房贷款业务的盈亏平衡顶点为:(10264,0,0,0)、(0,771,0,0)、(0,0,1945,0)、(0,0,0,560)。商业银行每笔小额商业用房贷款平均要经过 5 次咨询、5 次担保物审核、20 次贷后管理和 10 次信息系统维护,则平均每笔小额商业用房贷款的作业成本为:5×4.35＋5×57.88＋20×22.95＋10×79.60＝1566.15(元),小于该业务的毛利润 44650.8,因此该业务的作业量处于其保本作业超平面内侧,是盈利产品,平均每笔小额商业用房贷款盈利 44650.8－1566.15＝43084.65(元)。

以上分析是基于保本作业量的商业银行产品盈利能力分析,通过构建每个产品/服务的盈亏平衡作业量超平面,计算产品消耗的各作业量,如果处于超平面的内侧,则该产品/服务是盈利的,比如上例中的个人住房贷款、个人汽车贷款、个人助学贷款和小额商业用房贷款;如果刚好处于超平面上,则该产品属于盈亏平衡产品;如果产品的作业量处于盈亏平衡作业超平面的外侧,则该产品/服务属于亏损产品。商业银行可以构建每种产品的盈亏平衡作业超平面来分析产品的盈利能力,然后据此进行相应的产品决策。

本章小结

本章从商业银行的作业成本动因率确定及变化入手,基于商业银行作业成本动因率模型探讨了商业银行产品盈利能力分析问题和商业银行产品组合决策问题,并构建了产品组合决策优化模型,为商业银行进行产品组合决策提供了理论支持。

第五章 基于作业成本的商业银行产品定价决策模型

本章主要探讨作业成本在商业银行产品定价决策中的应用,通过确定商业银行的作业成本动因率,采用全面成本管理思想,结合银行产品收入(成本)发生的特殊性,运用折现的方法从存款、贷款和中间业务三个方面分析了商业银行产品价格底线的测算模型。

第一节 商业银行产品定价流程及定价目标的确定

随着我国银行业的全面开放以及新兴商业银行的逐步发展、外资银行的大量涌入,使银行业的竞争出现了新的特征,即成本竞争将成为竞争的实质内容。因而,一家银行是否具有竞争实力,很大程度上取决于它在资金价格方面有无优势,即能否以尽可能高的利率吸收存款,以及能否以尽可能低的利率发放贷款。换言之,只有那些营运成本相对较低,能够承受得起成本竞争的银行才能在市场中形成竞争优势。实际上,这种成本竞争目前已经在国内银行业中开始形成。

在我国由于银行业监管较严,存贷款利率都是由国家颁布的,但是随着管制的放松以及外资银行的进入,我国银行产品需要拥有更加完善的定价机制,然而要想对银行准确地定价,就必须准确地核算银行产品的各种成本,以便制定出切实可行的产品价格。本书采用作业成本法对商业银行的经营费用进行准确分摊，使银行产品的成本核算更加精确，在此基础上，在进行银行产品定价时考虑到银行收入及成本的时间因素影响（即收入和成本非一次性发生，而是一个现金流的形式），采用折现的方法得到商业银行产品的利润现值，指导产品定价策略，确保了价格制定的合理性。

一、商业银行产品定价流程

商业银行在进行产品定价时首先要明确产品消耗银行资源（成本）状况，以此为基础，考虑商业银行的定价目标、分析银行产品定价的影响因素、选择银行产品定价的方法、确定产品定价的策略，最后综合以上各个因素制定出银行和客户都能接受的合理的价格水平。本书采用作业成本法对产品成本进行了合理追溯，并对收入进行了探讨，对商业银行产品的货币利润进行了合理计量，通过商业银行的预期最低利润率得到了商业银行产品的最低价格，在此基础上，综合考虑客户贡献度、市场竞争情况、产品生命周期、产品需求价格弹性等因素分别对产品价格进行相应的调整，最终得到商业银行产品价格计量模型。具体流程如图5-1所示。

可见商业银行产品定价是一个复杂的过程，银行首先要确定经营目标，接着综合分析影响价格的各种因素，然后选择适合产品的定价方法，并且随着外界情况的变化灵活运用定价策略，对价格进行调整，制定出客户接受的价格。有竞争力的价格的获得不是仅依靠某个部门，而是需要全行各个部门、各环节软硬件的有效配合，因此一套运作有效的定价体系是制定合理价格的有力保证。

本书对商业银行产品的定价采用以银行产品的货币成本为主导，结合银行产品消耗的非货币成本，综合考虑影响产品定价的其他因素（产品的定价目标、定价策略、客户的整体价值、市场竞争等），形成一套系统的定价体系，为商业银行进行合理定价提供依据，并为银行是否接受某笔业务提供参考。

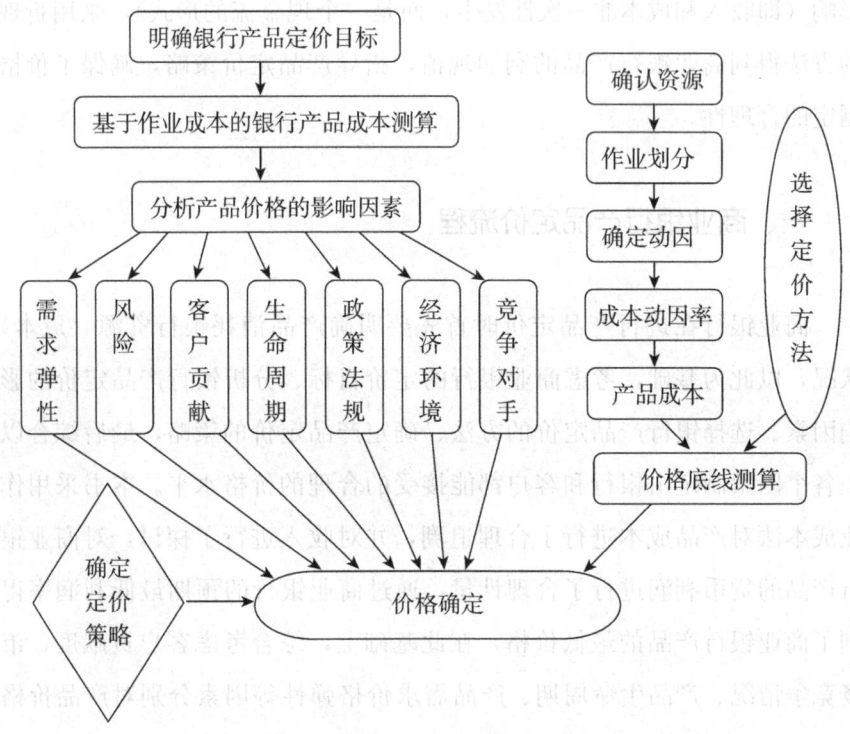

图 5-1　商业银行产品定价过程图

Fig. 5-1　The pricing process of commercial bank products

二、商业银行产品定价目标

商业银行在给产品制定价格前必须有个明确的目标，这样才有清晰的方向。定价目标是指商业银行通过制定特定的价格水平，凭借其产生的效用来实现预期目的。它的确定是我们了解与掌握市场营销活动的一个重要方面，由于银行产品所处的营销环境不同，因此有不同的定价目标。商业银行通常追求以下几个定价目标：利润最大化、争取市场份额、降低风险、提高竞争力、树立品牌形象等，商业银行可以结合银行的总体目标及各个业务的发展目标，制定出合理价格，比如追求利润最大化要制定较高的价格，希望扩大市场份额迅速占领市场需要较低的价格等。例如，目前我国广大消费者贷记卡业务处于起步阶段，并且一旦消费者选择某种贷记卡就会具有一定的依赖性，客户流失可能性很小，且能带动客户的其他业务，因此，各商业银行都想在中国庞大的贷记卡市场上占据一定的市场份额，所以各商业银行纷纷以低价推出各种形式的贷记卡，以吸引消费者。

另外品牌形象也是商业银行经营的主要目标之一，品牌形象是银行的无形资产，一个具有良好形象的银行必然可以赢得更多顾客的信赖，大大提高银行的盈利水平。采用这种目标的商业银行可以凭借良好的信誉、知名度制定高于一般银行的价格，有意识地营造"高质量、高价格"的姿态，利用品牌形象获取较高的利润。但是，银行品牌形象的树立需要时间的积累，并非一朝一夕就能完成。商业银行在实际定价时，可以选择以上的一个或几个目标综合考虑。

第二节 基于作业成本的商业银行产品价格底线测算

一、商业银行产品定价方法的选择

商业银行产品定价方法从大的方面可以分为成本导向定价、需求导向定价和竞争导向定价。成本导向定价方法包括成本加成法、损益平衡定价法、目标贡献定价法；需求导向定价主要包括购买者理解价值法、需求差别法等。各种方法各有优劣，各商业银行可以结合自己的实际情况及其他影响因素选择其定价方法。[121][122]

（一）成本导向定价法及其优缺点

银行产品价格有政府指导价和市场调节价两种，执行政府指导价的银行产品在定价设计中一般比较适用成本导向定价法。成本导向定价法是指以成本作为定价的基础，根据成本确定产品的价格。在实际应用过程中，也可以参考具体情况进行定价方法的选择。其优点是：①计算方法简便易行。尤其在银行生产多种产品时，成本加成法可以迅速地解决价格的计算和确定的问题。②可避免或减少同行业之间的竞争。如果同行业也都采用成本加成法，在成本和加成比例接近的情况下，价格也大致相同，这样可以避免或减少同行业之间的价格竞争。③成本加成法对消费者和购买者都比较公平。由于毛利率确定的方法不同，加成定价法可分为成本加成定价法、损益平衡定价法、目标贡献定价法三种。

但是采用成本加成法也存在明显的缺点，如忽视了市场需求、价格缺乏竞争力、不利于根据市场的变化来变更价格等，[123]具体表现见表5-1。因此，合适的加成率应随着经济因素的变化和经营决策的需要而变动。

表 5-1　成本加成定价法的优缺点

Table 5-1　The merit and shortcoming of cost addition pricing

成本加成定价法的优点	成本加成定价法的缺点
应用简便易行，具有一定潜在公关价值，比较适合贷款定价	在传统成本核算法下，银行基本无法准确地实现成本分摊；忽视市场需求，价格缺乏竞争力等

（二）需求导向定价法及适用性分析

在商业银行产品定价过程中，有一部分的产品定价不适合采用成本定价法，为了获取合理的产品利润空间，作为一个金融企业，更适合选用需求导向定价法。需求导向定价法是依据客户对产品价值的感受和对商品的需求程度来定价，而不是直接以成本为基础。需求导向定价法主要包括购买者理解价值法和需求差别法。

在产品定价过程中，对于投资、咨询、信用、担保等产品定价。由于产品主要来自于购买者对银行的理解价值，所以比较合适采用购买者理解价值法。

(1) 购买者理解价值法。购买者理解价值法又称为认知价值法，即根据客户对产品价值的认识和理解来确定价格。产品的价格并不决定于卖方的成本，而是决定于购买者对产品价值的理解和认识。所谓"理解价值"或"认知价值"是指银行在观念上的价值。理解价值定价法的关键是要准确地估计客户对银行产品的理解价值，然后确定产品的价格。

(2) 需求差别法。需求差别定价是根据购买者对产品需求强弱的不同，定出不同的价格。需求较强，价格可定的高些；需求较弱，则价格定得低一些。需求差别定价可以分为以顾客为基础、以产品为基础、以地域为基础和以时间为基础四种类型。

采用需求差别法的基础是客户对产品的需求大小，如银行在推出理财产品时，在利率较低时，理财产品的需求一般较高，这时银行对理财产品的收费定价一般较高，在利率较高时，客户对理财产品的需要不迫切，这时银行需要降低理财价格，吸引客户。

总之，对于实行市场调节价的产品，在产品定价时，由于其产品和客户需求相关，这类产品的收费定价设计一般采用需求导向定价法定价。

(三) 竞争导向定价法

此方法是指银行以为适应竞争者的价格作为定价依据，按金融市场上的平均价格或主要竞争对手的价格来制定自己产品价格，有利于银行之间的协调处理，避免恶性竞争。其特点是价格不与成本或需求发生直接联系，而只与竞争者的中间业务产品价格产生联系，若竞争者价格发生变化，尽管市场需求与产品成本未变，也应相应调整价格，以防被对手抢占市场。

竞争导向定价法也存在不足之处，表现在：第一，没有充分考虑银行的成本问题；第二，没有充分评估客户风险；第三，在存贷利差日渐萎缩时，让客户来承担服务费；第四，简单比照竞争对手进行定价，不能反映一家银行独特的价值贡献，从而束缚了商业银行获利性。

以上三种基本定价方法各有优缺点，适用条件也各不相同，商业银行应根据具体情况、具体产品选择适当的方法来制定合理的价格。

根据银行产品的特点，对不同类型的产品采取不同的定价方法，具体方法见表 5-2。

表 5-2　不同产品的定价方法[152]

Table 5-2　The pricing ways for different products

产品类别	采用的定价方法	选用理由
资金占用类	成本导向定价法（成本加成定价）	a. 产品执行政府指导定价 b. 产品（资金）成本对市场而言是透明的 c. 价格只能在一个很小的区间内浮动
结算服务类	成本导向定价法（成本加成定价）	a. 产品执行政府指导定价 b. 产品成本主要是变动成本
耗品成本类	成本导向定价法（成本加成定价）	a. 产品执行政府指导定价 b. 产品成本主要是变动成本
纯服务类	需求导向定价法（需求差别定价法）	a. 产品执行市场调节定价 b. 客户对银行信誉的理解进行选择银行 c. 根据客户群体的需求定价
中间业务类	需求导向定价法（需求差别定价法）	a. 产品执行市场调节定价 b. 根据客户群体的需求定价
设备租用类	成本导向定价法（目标贡献定价法）	a. 产品执行市场调节定价 b. 产品成本主要是固定成本
营运收费类	需求导向定价法（购买者理解定价法、需求差别定价法）	a. 产品执行市场调节定价 b. 价格弹性大 c. 根据客户群体的需求定价
咨询和理财类	需求导向定价法	a. 产品执行市场调节定价

二、基于作业成本的商业银行存款价格底线测算模型

商业银行作为信用中介，存款是其最主要、最基本的业务之一。在商业银行的全部资金来源中，90%以上来自于存款，其结构和成本的变化，决定着银行资金转移价格的高低，从而极大地影响着银行的盈利水平和风险状况。

存款定价是根据存款资金的运用收益，综合考虑可能的费用和成本，包括资本支出成本，在保证一定目标效益（经济增加值）的前提下确定吸收存款的目标利率。存款目标利率是存款部门为实现一定的效益（经济增加值）而能够支付给客户的最高利率水平，确定某笔存款利率水平的上限。笔者拟借鉴前述传统的商业银行的定价模型，从可操作性的角度出发，设置我国实行利率市场化后的存款定价模型，商业银行存款价格底线测算模型。

存款收益＝存款的无风险收益－存款费用成本－存款利息成本－资本成本

（一）拟接收存款的无风险收益

假设目前某客户向商业银行提出一笔存款申请j，存款金额为D_j，存款利息为DI_j，经济资本分配系数为E_j，利息支付期限为ET，存款总期限为DT，每期折现率为d，R_j为存款的名义无风险收益率，K_j为存款准备金提取比例，存款准备金利率为r_j，则存款的实际无风险收益率为：

$$R'_j = R_j(1-K_j) + r_j K_j \qquad (5-1)$$

从而得存款的实际无风险收益为：

$$DR_j = \sum_{t=1}^{\frac{DT}{ET}} DR(t)(1+d)^t \qquad (5-2)$$

其中：$DR(1)+DR(2)+\cdots+DR(DT/ET)=D_jR'DT$

（二）拟接收存款的成本测算

由以上分析可得，存款的成本主要包括：存款利息成本、存款资本成本和存款费用成本，下面分别进行介绍。

1. 存款的利息成本

假设在存款利息支付期间内折现率为 d，其他假设同上，则存款的利息成本为：

$$CI_j = \sum_{t=1}^{DT/ET} DC(t)(1+d)^t \tag{5-3}$$

其中：$DI(1)+DI(2)+\cdots+DI(DT/ET)=D_jDI_jDT$

2. 存款的资本成本

存款的资本成本是一种机会成本。对存款而言没有信用风险，如不考虑操作风险和市场风险，则只算资本性占用经济资本成本，假设单位存款的经济资本分配系数为 e_d，银行的最低经济资本回报率为 r_d，两者相乘即为资本成本，当然 e_d 的获得需要银行多期数据积累和较丰富的经验。本书第六章对不同业务的经济资本配置进行了探讨，也可作为经济资本系数确定的参考。

3. 商业银行存款费用成本

商业银行存款费用成本是指为吸收存款所消耗的银行的经营成本，本书采用作业成本法进行测算，由模型（3-21）得存款经营成本测算模型如下：

$$CM_j = \sum_{i=1}^{N} \theta(i,j) \frac{\sum\limits_{m(i)=1}^{M(i)} \dfrac{V'm(i)}{\sum\limits_{i=1}^{N} R'[i,m(i)]} R[i,m(i)]}{\sum\limits_{i=1}^{N} a(i,j)} + Dm + Dl + f_j \tag{5-4}$$

其中：$V'm(i) = -INT\left[-\dfrac{\sum\limits_{i=1}^{N} R'[i,m(i)]}{R[i,m(i)]}\right]\overline{V}m(i)$

4. 商业银行存款的总成本确定

商业银行存款的总成本为存款利息成本、存款资本成本与存款费用成本之和，因此可得存款的总成本。计算公式如下：

$$DC_j = CI_j + E_{dj} + CM_j = \sum_{t=1}^{\frac{DT}{ET}} DC(t)(1+d)^t + \sum_{t=1}^{\frac{DT}{ET}} D_j e_d r_d (1+d)^{-t}$$
$$+ \sum_{i=1}^{N} \theta(i,j) \frac{\sum\limits_{m(i)=1}^{M(i)} \dfrac{V'm(i)}{\sum\limits_{i=1}^{N} R'[i,m(i)]} R[i,m(i)]}{\sum\limits_{i=1}^{N} a(i,j)} + Dm + Dl + f_j \tag{5-5}$$

其中：$DI(1) + DI(2) +,\cdots, + DI(DT/ET) = D_j DI_j DT$

$$V'm(i) = -INT\left[-\dfrac{\sum\limits_{i=1}^{N} R'[i,m(i)]}{R[i,m(i)]}\right]\overline{V}m(i)$$

（三）基于作业成本的存款价格底线测算

商业银行的存款业务属于成本耗费类业务，由表 5-1 可得，该业务适合成本加成定价，本书采用第二章介绍的基于作业成本的完全成本加成定价法来测算商业银行存款利率的价格底线。众所周知，企业经营的目的是追求利润最大化，而商业银行作为一种特殊的企业，也是盈利性单位，也追求利润的最大化，因此，定价模型应满足 $R \geqslant C + P_0$，即商业银行从该客户获得的总收入要大于等于银行为客户付出的总成本和商业银行自身目标利润之和，否则银行将拒绝该笔存款。从而得：

$$C_j(1+r) \leqslant R_j \qquad (5\text{-}6)$$

由于本书研究的是存款价格底线测算模型，所以成本加成率 $r = 0$，再将前面讨论的各项分别代入得：

$$\left[\sum_{t=1}^{\frac{DT}{ET}} DC(t)(1+d)^t + \sum_{t=1}^{\frac{DT}{ET}} D_j e_d r_d (1+d)^{-t} + CM_j\right] \leqslant \sum_{t=1}^{\frac{DT}{ET}} DR(t)(1+d)^t$$

$$(5\text{-}7)$$

其中：$DI(1) + DI(2) + \cdots + DI(DT/ET) = D_j DI_j DT$

$DR(1) + DR(2) + \cdots + DR(DT/ET) = D_j R' DT$

将各变量代入即可得出存款利息价格底线，银行可根据自己的定价目标、定价策略及需求价格弹性等对存款价格进行适当的调整，得到最终存款价格。

下面我们用一简单例子来分析存款利率底线的测算过程。假设该笔存款为每年末支付一次利息，到期还本，且假设成本加成率 $r = 0$；其他假设与上同，则上述变动成本和收入模型就可以简化如下：

$$CI_j = \sum_{t=1}^{DT} DI_j D_j (1+d)^{-t} \qquad (5\text{-}8)$$

$$E_{dj} = \sum_{t=1}^{DT} D_j e_d r_d (1+d)^{-t} \qquad (5\text{-}9)$$

$$DR_j = \sum_{t=1}^{DT} D_j R'_j (1+d)^{-t} \qquad (5\text{-}10)$$

将式（5-8）、式（5-9）和式（5-10）代入式（5-6）可得：

$$\left[\sum_{t=1}^{DT} DI_j D_j (1+d)^{-t} + \sum_{t=1}^{DT} D_j e_d r_d (1+d)^{-t} + CM_j\right] \leqslant \sum_{t=1}^{DT} D_j R'_j (1+d)^{-t}$$

$$\sum_{t=1}^{DT} DI_j D_j (1+d)^{-t} \leqslant \sum_{t=1}^{DT} D_j R'_j (1+d)^{-t} - CM_j - \sum_{t=1}^{DT} D_j e_d r_d (1+d)^{-t}$$

$$DI_j \leqslant \frac{\sum_{t=1}^{DT} D_j R'_j (1+d)^{-t} - CM_j - D_j e_d r_d (1+d)^{-t}}{\sum_{t=1}^{DT} D_j (1+d)^{-t}}$$

$$DI_j \leqslant R'_j - e_d r_d - \frac{CM_j}{\sum_{t=1}^{DT} D_j (1+d)^{-t}} \tag{5-11}$$

三、基于作业成本的商业银行贷款价格底线测算模型

目前，我国商业银行90％以上的经济收入来源于贷款企业，贷款企业对商业银行的发展有着举足轻重的作用。由于优质贷款客户的稀缺性及商业银行的不断发展，以及利率市场化改革的深入，优质贷款客户会在信贷业务活动中要求商业银行尽可能地降低贷款利率，这会直接影响到商业银行的经济效益。而商业银行的目的是要不断实现利润最大化，因此在竞争优质客户中就要讲究策略。例如，通过对贷款企业中间业务的开发，增加银行的中间业务收入；加大对贷款企业经营收入归行的力度以及其他闲置资金的吸收，增加银行的存款并形成存款收入，依此实现贷款利率下浮条件下的商业银行经济效益最大化。本书研究的贷款价格底线测算模型，考虑银行在盈亏平衡时的贷款利率底线；并综合分析其他因素对贷款价格的影响，其中客户整体贡献是贷款价格的主要影响因素。本书在第六章对其进行了详细讨论，这里不再赘述。

$$贷款收益＝贷款收入－资金成本－发放贷款的费用成本－负税成本\\－风险成本－经济资本成本$$

（一）拟发放贷款的收入核算

假设客户向某商业银行申请一笔贷款 j，贷款（或者承诺）额度为 L_j，贷款利率为 LI_j，贷款的期限为 LT_j，预期提款比率为 α_j（对确定

性贷款 $\alpha=1$），贷款期间内每个会计期间的折现率为 d，则银行发放该笔贷款的收入为：

$$LR_j = \sum_{t=1}^{LT/ET} LR(t)(1+d)^{-t} \tag{5-12}$$

其中：$LR(1)+LR(2)+,\cdots,+LR(LT/ET)=L_j LI_j LT_j \alpha_j + F_j$

（二）拟发放贷款的成本测算

从以上分析可以看出发放一笔贷款的成本包括：资金成本、发放贷款的费用成本、负税成本、风险成本和经济资本成本。下面分别对其进行介绍。

（1）贷款的资金成本 LI_j：贷款的资金成本也即贷款的利息成本，是银行为筹集贷款资金而付出的利息成本。确定贷款资金成本率可采用市场价格法，其依据是每增一笔贷款的资金是由新增负债提供的，在金融市场较为发达的情况下，银行可以随时从市场融入资金来满足贷款资金需求。资金成本率应根据某笔贷款的期限、重定价特征及现金流特性等因素选取贷款的内部资金转移价格。商业银行贷款业务的资金成本（内部资金转移价格）是贷款业务的关键成本，但由于商业银行内部资金转移定价问题是一个复杂的系统问题，因个人能力和本书篇幅所限，这里不做详细介绍，暂用 Ca 表示。根据以上假设，其计算公式如下：

$$LI_j = \sum_{t=1}^{LT/ET} LC(t)(1+d)^{-t} \tag{5-13}$$

其中，$LI(1)+LI(2)+,\cdots,+LI(LT/ET)=L_j Ca LT_j$

（2）贷款的风险准备计提比例 S_i：商业银行经营管理活动中，因不确定因素的发生使商业银行的实际收益与预期收益发生偏差，从而造成某种损失，这种损失即风险成本。对银行而言风险成本是抵御预期损失的一种经营成本，在银行损益表中表现为风险准备金支出。我国央行规定，风险准备包括一般准备、专项准备和特种准备。一般准备是根据全部贷款余额的一定比例计提的，用于弥补尚未识别的可能损失的准备，年末余额不低于年末贷款余额的1%。各家商业银行可以根据自身的不同情况来确定贷款的风险准备计提比例。

（3）贷款的资本成本 E_l：贷款的经济资本成本是一种机会成本。由于银行是经营风险的特殊行业，监管者对银行经营的风险资产有最低资本充足率的要求，经济资本包括信用风险经济资本、操作风险经济资本、市场风险经济资本和资本性占用经济资本。市场风险经济资本一般在总行计算，不在产品分配，操作风险经济资本一般分配至部门即可，因此这里所指的经济资本只包括信用风险经济资本和资本性占用经济资本。本书第六章对经济资本分配系数进行了分析，这里可以借鉴其经济资本分配系数 e_l，假设经济资本的最低经济资本回报率为 r_l，则两者相乘即为资本成本。

（4）贷款费用成本 LM：贷款费用成本是指非资本性的、发放贷款所消耗的银行经营成本。本书采用作业成本法对其进行归集，因为商业银行的经营费用成本中绝大部分为间接成本，而作业成本法可以对间接费用进行准确的追溯，所以采用作业成本法计算的贷款最低价格更精确，更能帮助银行进行定价决策。

由模型（3-21）可得，接收该笔贷款的经营成本为：

$$LM_j = \sum_{i=1}^{N} \theta(i,j) \frac{\sum_{m(i)=1}^{M(i)} \frac{V'm(i)}{\sum_{i=1}^{N} R'[i,m(i)]} R[i,m(i)]}{\sum_{i=1}^{N} a(i,j)} + Dm + Dl + f_j$$

(5-14)

其中：$V'm(i) = -INT\left[-\frac{\sum_{i=1}^{N} R'[i,m(i)]}{R[i,m(i)]}\right] \bar{V}m(i)$

（5）商业银行贷款总成本计算。由以上分析可得贷款的总成本为贷款资金成本、风险成本、税负成本、经济资本成本和费用成本之和，因此贷款的总成本计算公式为：

$$LC_j = LI_j + S_{lj} + E_{lj} + LM_j$$

$$= \sum_{t=1}^{\frac{LT}{ET}} LC(t)(1+d)^{-t} + L_j S_{lj} + \sum_{t=1}^{\frac{LT}{ET}} L_j e_{lj} r_{lj}(1+d)^{-t} + LM_j \quad (5\text{-}15)$$

其中：$LI(1) + LI(2) +, \cdots, + LI(LT/ET) = L_j C a L T_j$

（三）基于作业成本的贷款价格底线测算

商业银行的贷款业务属于银行业务中的资产占用类业务，那么由表 5-2 可得定价方法应选择成本加成定价法。同样，商业银行经营贷款业务的目的是为了获得利润，使银行的利润最大化。因此，商业银行贷款业务的最低收益也满足公式 $R \geqslant C + P_0$，同样将以上计算的贷款业务的收入和成本代入该式得：

$$LR_j \geqslant LC_j(1+r)$$

同样，由于本书研究的是贷款价格底线测算模型，所以成本加成率 $r = 0$，再将前面讨论的各项分别代入得：

$$\sum_{t=1}^{\frac{LT}{ET}} LR(t)(1+d)^{-t}(1-t) \geqslant \sum_{t=1}^{\frac{LT}{ET}} LC(t)(1+d)^{-t} + L_j S_{lj} + \sum_{t=1}^{\frac{LT}{ET}} L_j e_{lj} r_{lj}(1+d)^{-t} + LM_j$$

$$(5\text{-}16)$$

从而解得贷款的最低利率，也即该笔贷款的利率底线，在此基础上商业银行考虑影响贷款价格的其他因素，结合商业银行的目标选取相应的定价策略，从而求得商业银行的最终价格。

本书仍然用一简单例子来说明商业银行贷款业务利率底线的计算过程，假设贷款利率的支付期限为每年年末收到一次贷款利率，其他假设同上，则上式可以简化为：

$$\sum_{t=1}^{LT} LR(t)(1+d)^{-t}(1-t) \geqslant \Big[\sum_{t=1}^{LT} L_j C_a (1+d)^{-t} + L_j S_{ij} + \Big]$$

$$\Big[\sum_{t=1}^{LT} L_j e_{ij} r_{ij}(1+d)^{-t} + LM_j \Big] \sum_{t=1}^{LT} (L_j LI_j)(1+d)^{-t}$$

$$\geqslant \frac{\sum_{t=1}^{LT} L_j C_a (1+d)^{-t} + \sum_{t=1}^{LT} L_j e_{lj} r_{ij} (1+d)^{-t} + L_j S_{lj} + LM_j}{(1-t)}$$

$$LI_j \geqslant \left[C_a + e_{lj} r_{lj} + \frac{L_j S_{lj} + LM_j}{\sum_{t=1}^{LT} L_j (1+d)^{-t}} \right] / (1-t) \tag{5-17}$$

四、基于作业成本的中间业务价格底线测算模型

我们把资产业务和负债业务之外的其他业务统称为"中间业务",中间业务的显著特点是"不占用或不直接占用银行自己的资金"且"不占用或不直接占用客户的资金",但是,这并不说明中间业务不消耗银行的资源,中间业务产品众多,特点各异,每种中间业务的贡献度是不同的。因此,商业银行在发展中间业务时,亦需进行合理的规划,将有限的资源集中用于创收能力强的产品上,以实现中间业务的价值最大化。

中间业务收益＝中间业务收入－中间业务费用成本－资本成本

（一）拟接收一项中间业务的成本识别

（1）中间业务服务的成本费用 MC：是提供中间业务服务所消耗的银行经营成本,本书采用作业成本法对其进行归集,因为商业银行中间业务的费用成本中绝大部分为间接成本,而作业成本法可以对间接费用进行相对准确的追溯,所以采用作业成本法计算的贷款最低价格更精确,更能帮助银行进行定价决策。核算如下：

由模型（3-21）可知,拟接受一笔中间业务 j 的成本为：

$$CM_j = \sum_{i=1}^{N} \theta(i,j) \frac{\sum_{m(i)=1}^{M(i)} \frac{V'm(i)}{\sum_{i=1}^{N} R'[i,m(i)]} R(i,m(i))}{\sum_{i=1}^{N} a(i,j)} + Dm + Dl + f_j \tag{5-18}$$

其中：$V'm(i) = -INT\left[-\dfrac{\sum_{i=1}^{N}R'[i,m(i)]}{\overline{R}[i,m(i)]}\right]\overline{V}m(i)$

（2）负税成本率 t：主要是按照国家规定应缴纳的营业税及附加成本，它从银行的营业收入中按一定比例征收。

（3）资本成本 E_m：资本成本是一种机会成本。同存款一样，这里只计算资本性占用的经济资本成本，设单位中间业务的经济资本分配系数为 e_m，经济资本的最低资本回报率为 r_m，则两者相乘即为该笔中间业务的经济资本成本率。当然 e_m 的确定需要银行长期的数据积累和较丰富的技术经验，也可参照本书第六章的商业银行经济资本配置法来确定某种中间业务的经济资本分配系数。

（二）拟接受一项中间业务的收入核算

由于中间业务收入主要是服务费收入，因此增加一笔中间业务，其收入只考虑手续费收入。则第 j 个中间业务的服务费收入为 E_j。

（三）基于作业成本的中间业务价格底线测算模型

由于中间业务的种类繁多，所以其定价方法也不尽相同，需根据中间业务的种类不同而选择相应的定价方法，然而从表 5-1 可以看出，大部分中间业务适宜采用需求导向定价法，从而需要对产品的需求价格弹性进行分析，分析时可以分为产品需求价格弹性、顾客需求价格弹性等进行分别讨论，然后结合市场竞争情况确定该笔中间业务的价格（这里不多做介绍）。本书采用成本与市场相抉择的方法进行定价，通过作业成本法求得中间业务的成本，并采用完全成本法获得其成本加成率，然后与市场价格相比较，由于中间业务竞争的影响，因此，如果市场价格高于商业银行的成本加其加成率则银行应采取办法降低成本或放弃该业务，如果成本加成价格低于市场价格，决策者可以考虑在市场价格的基础上进行相应的下浮，以扩大其市场份额，从而得商业银行中间业务的价格底线。商业银行接受一笔中间业务,其收益必须大于等于其目标收益率,即 $PTR \geqslant PTC + P_0$,将以上公式代入得:

$$E_j \geqslant MC_j(1+r)/(1-t)$$

同样,由于本书研究的是中间业务价格底线测算模型,所以成本加成率 $r = 0$,再将前面讨论的各项分别代入得:

$$E_j \geqslant \left[\sum_{i=1}^{N} \theta(i,j) \frac{\sum_{m(i)=1}^{M(i)} \frac{V'm(i)}{\sum_{i=1}^{N} R'[i,m(i)]} R[i,m(i)]}{\sum_{i=1}^{N} a(i,j)} + Dm + Dl + \alpha_j + M_j e_{mj} r_{mj} \right] /(1+t) \quad (5-19)$$

在中间业务服务价格底线基础上,商业银行可以考虑市场竞争情况以及该中间业务的需求价格弹性,对中间业务价格进行适当调整。

第三节 商业银行产品定价的影响因素

前面介绍了商业银行的定价目标及各类产品价格底线的测算过程,此外,商业银行还必须考虑其他一系列因素,才能制定出市场所接受的合理价格。影响商业银行产品定价的主要因素可大体分为内部因素和外部因素。[124]

一、影响银行产品定价的内部因素

影响商业银行产品定价的内部因素主要包括成本、风险、产品生命周期、预期利润四个方面。成本是商业银行定价必须首先考虑的重要因素,它的测定对于合理定价具有十分重要的作用。本书采用作业成本法,将商业银行的营运成本追溯到产品和客户;对于商业银行面临的风险一般分为预期损失和非预期损失,预期损失一般用准备金来补偿,对于非预期损失本书采用经济资本配置模型进行定量研究,将商业银行面临的非预期损失追溯到各业务;商业银行产品所处的生命周期与定价有密切关系,产品周期包括萌芽、成长、成熟和衰退四个阶段。在不同的阶段,产品的市场需求不同,赢利性不同,因此银行应制定不同的价格;预期利润对产品定价的影响主要表现为银行的发展战略、红利支付水平等因素。商业银行可以综合考虑以上四种因素的影响,对产品价格进行调整。

(1) 成本:成本是商业银行定价必须首先考虑的重要因素,它的测定对于合理定价具有十分重要的作用。商业银行成本包括资金成本和营运成本。资金成本是指银行以各种负债形式筹集资金,按有关规定所制定的融资利息成本。营运成本是指银行为维持业务的正常运行所需的直接费用(如员工工资、福利、设备费等)、管理费用(如董事、培训费、法律费等)以及销售费用(如广告费等)。

(2) 风险:商业银行是经营风险的企业,根据风险与收益相匹配原则,商业银行提供产品时应该获取风险报酬,而为此所承担的风险就构成了商业银行产品的成本部分,即风险成本。风险成本包括风险工具成本和风险心理成本。

(3) 产品生命周期:商业银行产品所处的生命周期与定价有密切关系。产品周期包括萌芽、成长、成熟和衰退四个阶段。在不同的阶段,产品的市场需求不同,赢利性不同,因此银行应制定不同的价格。

(4) 预期利润:这里是指商业银行的整体利润。银行根据整体的预期利润,分析不同产品之间的关系,结合银行的发展战略、红利支付水平等因素,制定不同产品的价格,以期整体利润最大化。

二、影响银行产品定价的外部因素

影响商业银行产品定价的外部因素主要有:政策法规、经济环境、顾客需求、竞争对手情况等。[125] 由于这些因素对商业银行来说是不可控因素，因此商业银行在定价时需要考虑适应这些因素，比如银行产品定价必须在合法范围内制定，产品的价格必须适应当时的经济环境，考虑顾客的需求及竞争对手情况等。

(1) 政策法规：所有企业在经营过程中都要受到各种法律法规制约，定价行为也不例外。特别是由于行业的特殊性，商业银行的经营更要受到各种有关政策、法律和法规的制约。因此，商业银行要高度关注政府金融政策与法规及其调整与变更，制定的价格不能与国家有关政策法规的规定相抵触。比如，国家对于银行的存贷款利率高低有着严格限制，银行的服务费也可能受到有关部门的监管。因此，商业银行必须全面地了解有关法律法规，在合法的范围内制定价格、灵活地调整价格，以增强其市场竞争能力。

(2) 经济环境：商业银行所处地区的整体经济水平，金融市场中除银行业以外的证券、保险市场对银行产品的分流都影响银行产品价格的制定。

(3) 顾客需求：掌握顾客需求的变化规律对于合理制定价格十分重要。银行产品的定价必须注重顾客的需求。如果顾客认为产品价格不合理就会减少使用该产品。不同的顾客对价格的敏感程度不同，根据不同顾客银行应制定不同的价格策略。

(4) 竞争对手的情况："知己知彼，百战不殆"，在竞争异常激烈的情况下，商业银行应该了解竞争者的价格、历史价格以及在市场上所处的地位，通过将自身的产品与同业所提供的产品进行对比，制定出有利于自身发展，具有竞争力的价格，才能在竞争中掌握主动权。

三、需求价格弹性对银行产品定价的影响

设 e 为需求价格弹性，需求增量 $\Delta Q = Q_1 - Q_2$，价格增量 $\Delta P = P_1 - P_2$，$Q = \dfrac{Q_1 + Q_2}{2}$，$P = \dfrac{P_1 + P_2}{2}$，则[151]：

$$e = \frac{\Delta Q/Q}{\Delta P/P} = \frac{\Delta Q}{\Delta P}\frac{P}{Q} \tag{5-20}$$

总收益：

$$TR = PQ \tag{5-21}$$

边际收益：

$$MR = \frac{\partial TR}{\partial Q} = P + Q\frac{\partial P}{\partial Q} = P\left(1 + \frac{Q}{P}\frac{\partial P}{\partial Q}\right) = P(1 + \frac{1}{e}) \tag{5-22}$$

利润最大化的条件是，边际收益等于边际成本，即：

$$MC = MR = P(1 + \frac{1}{e})$$

$$MC = \frac{\partial TC}{\partial Q} = b + \sum_{j=1}^{m}d_j y_j = P(1 + \frac{1}{e}), e < 0 \tag{5-23}$$

令 $e_0 = -e$，则：$b + \sum_{j=1}^{m}d_j y_j = P(1 - \frac{1}{e_0})$，$e_0 > 0$

$$\frac{P}{b + \sum_{j=1}^{m}d_j y_j} = \frac{e_0}{e_0 - 0}，两边减去 \frac{b + \sum_{j=1}^{m}d_j y_j}{b + \sum_{j=1}^{m}d_j y_j}，并简化得：$$

$$\frac{p - (b + \sum_{j=1}^{m}d_j y_j)}{b + \sum_{j=1}^{m}d_j y_j} = \frac{e_0}{e_0 - 1} - 1 = \frac{1}{e_0 - 1} \tag{5-24}$$

从而得最适合的利率调整率为：

$$R_1 + R_2 = \frac{1}{e_0 - 1} \tag{5-25}$$

由上述计算可知，最适合的价格调整率和价格弹性成反比，也即价格弹性越高，最适合的加成率越低，相反，价格弹性越低，最适合的加成率就越高，当价格弹性保持不变时，适合的加成率也保持相对稳定。

在制定价格过程中，对银行产品的利率底线调整是银行产品定价的关键因素之一，在确定调整率时，价格弹性不容忽视，需求价格弹性总是处于不断变化之中，因而，最合适的调整率也需不断调整。

第四节 商业银行产品定价策略的选择

商业银行根据不同的定价方法，只能得到产品的基本价格。在市场竞争环境下，为了提高本行产品的竞争力，商业银行还必须根据各种不同的市场、产品条件，运用灵活多变的定价技巧，制定出顾客接受的价格。定价策略的灵活运用，可使银行产品的价格具有更强的科学性与艺术性。商业银行产品定价策略主要包括产品生命周期定价策略、客户心理定价策略、价格折扣定价策略。[126]

（1）产品生命周期定价策略。所谓的产品生命周期定价策略是指银行根据产品所处生命周期的不同阶段，灵活地制定价格。产品投入期一般采用的策略为撇脂定价、渗透定价、满意价值定价等；在产品的成长期视市场发展情况对投入期的定价策略进行相应修正；而成熟期定价应该尽量避免价格竞争，更多地采用非价格竞争方式；在产品衰退时期，银行应该以变动成本作为价格的最低限度。同时，银行应该注意及时退出这一产品市场。

（2）客户心理定价策略。客户心理定价是一种根据客户购买心理的要求来制定价格的策略。常用的有以下几种：尾数定价策略、整数定价策略、声望定价策略等，商业银行可以视各种产品情况分别进行考虑。

（3）价格折扣策略。价格折扣策略是为了调动各类中间商和其他用户购买商品的积极性，按照原定的价格少收一定比例或者一定数量的货款。具体有以下几种：现金折扣策略、数量折扣策略、季节性折扣策略等。

第五节 算 例

本书以某商业银行的一笔中长期贷款为例来说明基于作业成本的商业银行产品定价决策方法，假设目前某客户 A 向商业银行提出一笔期限为 5 年的 10 万贷款申请，其中利率 r 选择目前五年期的基准利率 7.20%，资金成本率为目前同期存款利率 2.85%，贷款准备金率为 1%，预期提款比例 α 为 1（即该笔贷款属于确定性贷款），该笔贷款的经济资本系数为 4%，假设该银行的经济资本回报率为 20%，贷款利息支付为每年末支付当年利息，营业税率为 5.55%，贷款期间的折现率为 6%，则价格底线测算如下：

（一）拟发放贷款的收入

$$LR_j = \sum_{t=1}^{\frac{LT}{ET}} LR(t)(1+d)^{-t} = \sum_{t=1}^{5} 10 LI_j(1-5.55\%)(1+6\%)^{-t}$$

其中：$t = 1, \cdots, 5$

（二）拟发放贷款的成本测算

从以上分析可以看出发放一笔贷款的成本包括：资金成本、发放贷款的费用成本、负税成本、风险成本和经济资本成本，下面分别对其计算。

1. 资金成本

$$LC_j = \sum_{t=1}^{\frac{LT}{ET}} LC(t)(1+d)^{-t} = \sum_{t=1}^{5} 102.85\%(1+6\%)^{-t}, t = 1, 2, \cdots, 5$$

2. 贷款的风险成本

$S_j = 10 \times 1\%, t = 1, 2, \cdots, 5$

3. 贷款的经济资本成本

$E_j = \sum_{t=1}^{5} 10 \times 4\% \times 20\% (1+6\%)^{-t}, t = 1, 2, \cdots, 5$

4. 贷款的费用成本

贷款费用成本 LM：贷款费用成本是指非资本性、发放贷款所消耗的银行经营成本。本书采用作业成本法对其进行归集，由第四章第四节得商业银行贷款业务各作业的作业成本动因率，见表5-3。

表 5-3 贷款业务作业成本动因率
Table 5-3 The activity cost driver rate of loan business

作 业	作业成本动因率	作 业	作业成本动因率
贷款咨询	4.35	发放贷款	26.25
受理申请	43.95	贷后管理	22.95
贷款审批	75.75	贷款信息系统维护	79.60
审核担保物	57.88	贷款清户	23.25

假设该笔贷款共经历了三次咨询，进行了一次担保物审核和十次贷后管理（假设商业银行的贷后管理每年发生一次，由于贷后管理一次的费用较小，所以为方便计算不再进行折现，不会对成本产生太大影响），且增加该笔贷款后贷款的各作业成本动因率不变，则该笔贷款的总成本为：

$LC = 3 \times 4.35 + 43.95 + 75.75 + 57.88 + 26.25 + 22.95 \times 10 + 79.60$
$= 526.02（元）$

将以上各值代入公式 $LI_j \geqslant \left[C_a + e_{lj} r_{lj} + \dfrac{L_j S_{lj} + LM_j}{\sum_{t=1}^{LT} L_j (1+d)^{-t}} \right] / (1-t)$ 得：

$$LI_j \geqslant \left[(2.85\% + 4\% \times 20\%) + \frac{10 \times 1\% + 526.02 \times 10^{-4}}{\sum_{t=1}^{5} 10 \times (1+6\%)^{-t}} \right] / (1-5.55\%)$$

$$\geqslant 4.01\%$$

商业银行可以根据银行的经营目标、当前的竞争形式、客户的整体状况及其他影响贷款价格的因素等对最低价格进行适当的上浮，以制定出银行和客户都满意的价格。

本章小结

本章全面介绍了商业银行产品定价体系，从存款、贷款、中间业务三个方面重点设计了基于作业成本的商业银行产品价格底线测算模型，并分析了产品定价的各影响因素，最后采用算例的形式对所设计模型的应用做了进一步验证。

第六章 基于作业成本的商业银行客户终身价值决策模型

各银行所面临的重大挑战之一是确定不能盈利的客户和产品。本书第四章对产品的盈利能力进行了探讨，本章将从客户、客户群的角度出发，分析利润方程中的各个组成成分（收入、成本、业务量），进而对客户评价其终身价值。

在名列前茅的银行中，最高管理层都一贯关注客户的盈利能力信息，并将其作为战略营销方案的关键组成部分，同时将其作为一种经营手段，使管理层能确定产品及服务的交付成本。目前，商业银行在计算客户关系所能带来的总盈利能力上存在一定难度，因为客户的许多成本既不和客户关系管理相关，也同提供产品或服务没有任何关系。60%的非利息成本可以归入维持性成本，以维持银行的基础设施，这些成本无法准确分配到各个单独产品、服务或客户中去，成了商业银行确定客户盈利能力的瓶颈。本书采用作业成本法，以作业的形式将成本追溯到每个产品和客户，进而为客户盈利能力分析提供了依据，解决了商业银行进行客户关系管理的瓶颈问题。依据客户盈利能力信息，客户关系经理能够关注产生非盈利客户的原因（价格、交付成本、坏账、消费产品数量等），从而为总体盈利能力做出更多的贡献。

第一节 客户价值相关理论

一、客户价值相关概念

客户价值（Customer Value）：是指某机构的客户（即其服务的对象）为了享受和使用该机构提供的产品和服务而付出的归于该机构的回报，对于盈利性机构而言主要是指经济回报。[127]用公式可以表述为：

$$V = R - C \qquad (6-1)$$

其中：V 表示客户价值，R 表示客户在交易中带来的各种收入之和，C 表示各种相关成本之和。

客户价值不是固定不变的，它随着客户的发展阶段和情况不断变化。按时间层面来划分，可分为：

（1）历史价值：到目前为止已经实现了的客户价值；

（2）当前价值：如果客户当前行为模式不发生改变，在将来会给公司带来的客户价值；

（3）潜在价值：如果公司通过有效的交叉销售、调动客户购买积极性或客户向别人推荐产品和服务等，从而可能增加的客户价值。

客户价值是一个前瞻性概念，也就是说评价客户价值时不仅要考虑客户的历史价值，也应注重客户在未来生命周期内可能给企业带来的收益。只有这样，才能对银行改善管理，提高客户价值有所帮助。目前，理论界对客户价值研究主要有两个方面的分歧：一是客户价值中是否包含客户的非货币价值；二是客户当前价值和潜在价值问题。

对于客户价值中是否包含客户的非货币价值问题，一种观点认为，客户价值仅指客户的货币价值，具有代表性的研究者是 Frederick Reichhels,[128]他将客户的价值界定为客户过去所带来的净现金流的大小。在其研究中，突出分析了忠诚客户的价值，认为基础利润、收益增长、成本节约、推荐效应是客户产生利润的主要因素,并且随着客户关系的延续,其带来的收益更大。另一种观点则认为,客户价值不仅包括货币价值,而且包括非货币价值。如王海州认为客户价值体现在五个方面,一是市场价值,即客户购买企业的产品、服务而为企业带来的货币价值;二是规模价值,即企业较大的市场份额可以引发客户的从众心理;三是品牌价值,即大量客户的正面宣传能够吸引新的客户;四是信息价值,客户信息能够使企业更好地把握客户的消费行为;五是网络化价值,指若某商业客户使用企业的产品或服务,则该商业客户的客户为了便于与它进行商业行为,也会采用企业的服务,从而形成一种网络化的消费行为。[129]

对于客户当前价值和潜在价值问题,一类观点认为客户的价值只包含客户的当前价值(历史价值),而对客户价值潜力却未加考虑;另一类观点认为客户的价值为客户关系剩余生命周期的客户价值,主要考虑的是客户的潜在价值,而对客户当前价值未做充分考虑。

本书认为客户的价值不仅应考虑客户的当前价值,而且包括潜在价值,当前价值反映了客户当前的利益贡献情况,而潜在价值则表明了客户未来的利润贡献能力,两者都是银行决定是否继续对客户进行投资的重要因素;对于货币价值和非货币价值问题,本书采用后者的观点,即客户的价值既包括货币价值又包括非货币价值。因此,本书在进行客户价值评价时充分考虑这两方面因素的影响,对客户生命周期的客户终身价值进行了详细分析,为银行进行客户决策提供了支持。

二、基于客户生命周期的客户终身价值界定

迄今为止,客户终身价值还未形成一个统一的界定,Kotler 和 Armstrong 认为,"个人、家庭或企业所带来的收入超过企业为吸引、服务这些客户所支出的成本部分即是客户的终身价值";Berger 和 Nasr 则认为,"客户终身价值是客户在与企业交易的整个生命周期中为企业带来的利润或

损失的折现值之和"[131]；Pfeifer、Haskins和Conroy[132]则在分析了利润和现金流之和的区别之后，将客户终身价值界定为"客户关系所引致的未来现金流的折现值"。可以看出，在终身价值含义的界定上，存在两个方面的分歧：其一为对客户所带来"收益"的定义，一种观点将其定义为"利润或损失"，而另一种观点则将其定义为现金流，通过对文献进行分析可以发现，前一种观点在计算客户未来收益的时候，实质上仍然是以客户所引致的未来现金流为基础的。因此，这两种观点并无本质差异。其二表现为对客户终身价值中"终身"含义认识上的差异，一种看法认为"终身"是指从客户关系开始直至客户关系解体的全生命周期，另外一种看法认为它是指从当前到客户关系结束时的剩余生命周期时间段（Remaining Life）。本书赞同第一种观点，即客户生命周期是指从客户关系开始直至客户关系解体的全生命周期，当然在客户全生命周期计算中并不是将客户的当前价值和客户的潜在价值简单相加，因为当前价值和潜在价值在某些情况下表现出不同的变化趋势，如果因此采用了两部分之和来定义客户终身价值，那么客户终身价值可能因为历史利润部分的影响而不能正确反映客户的未来价值。然而如果仅仅考虑客户的潜在价值，忽略客户当前价值的体现，也会使得对客户终身价值计算得不准确，从而无法做出正确的决策。因而本书综合考虑客户的当前价值和潜在价值，利用客户当前价值（历史价值）对客户的未来价值进行预测，以客户的货币价值为主对客户的终身价值进行评价。因此，本书认同Dwyer的定义，"所谓客户生命周期价值（Customer Lifetime Value）就是客户在与企业保持客户关系的全过程中为企业创造的全部利润的现值"。它既包括历史利润，即到目前为止客户为企业创造的全部利润净现值；又包括未来利润，即客户在将来可能为企业带来利润流的总现值。[133][134]

客户生命周期（Customer Relationship Life Cycle）概念是传统营销领域产品生命周期概念在客户关系管理中的移植，这一概念最早是由Dwyer、Schurr和Oh于1987年发表的一篇文章中提出的，在这篇文章中，他们首次强调指出"买卖关系的发展具有明确的阶段性特征"[135]，这一观点随即为人们普遍接受，从而取代了之前广为流行的客户交易具有离散性特征的观点。具体来说，客户生命周期指的是"从一个客户开始对企业进行了解或企业欲对某一客户开发开始，直到客户与企业的业务关系完全终止且与之相关的事宜完全处理完毕这段时间"。

对于客户全生命周期阶段，存在多种划分方法，Dwyer、Schur 和 Oh[135]将其划分为 5 个阶段，即认知阶段（Awareness）、考察阶段（Exploration）、扩张阶段（Expansion）、承诺阶段（Commitment）及关系解体阶段（Dissolution）；Dwyer 等认为，"认知通过接触与广告得到加强；考察阶段以买方搜索卖方和尝试性购买为特征，并分成五个子阶段；扩张阶段买卖双方相互依赖日益增强；承诺阶段双方高度满意，并相互保证持续现有关系；解体阶段至少一方退出关系"。

客户生命周期模式是指客户生命周期各阶段利润贡献随时间变化的特征（将这一特征以图形的形式描述出来即成为客户生命周期曲线）。Berger 和 Nasr 还进一步分析道："客户生命周期利润随时间推移而上升的趋势具有 U 型曲线特征，如图 6-1 所示，即客户利润贡献的上升速度先递增后递减，并且其利润贡献曲线存在一个上渐进线（Upper Asymptote），即客户的利润贡献有一个不可超越的上限（Ceiling）。"[136]

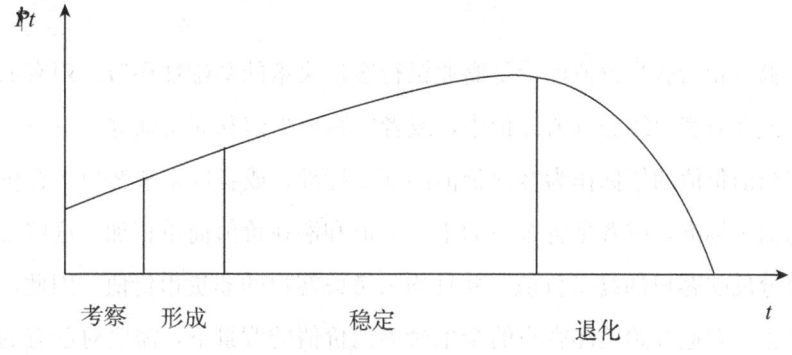

图 6-1 客户生命周期曲线

Fig. 6-1 Customer life frequency curve

第二节　客户终身价值计量

由本章第一节的分析可知商业银行客户终身价值从时间上可以分为当前价值和潜在价值，从形态上可以分为货币价值和非货币价值。研究客户的当前价值有助于企业了解客户过去为银行所做的贡献，也是测算客户潜在价值的基础；而客户的潜在价值研究为商业银行进行营销决策提供了支持。客户的货币价值确认为商业银行明确其盈利产品和盈利客户分析打下了基础；而客户的非货币价值的分析则能使商业银行整体全面的分析客户为银行带来的收益。由于本书的研究是基于客户终身价值的商业银行客户营销决策问题，所以在衡量客户价值时要充分考虑客户的当前价值、潜在价值、货币价值和非货币价值，前人的研究只是简单地将客户的当前价值和潜在价值相加从而得到客户的终身价值，然而各类价值在商业银行决策中所占的分量是不同的。因此，本书建立了一个评价指标体系并为各类指标赋予相应的权重，最终综合分析客户的终身价值。

一、商业银行客户终身价值评价指标体系设计

商业银行客户价值评价是商业银行客户决策的基础性环节。现有的评价方式在对客户终身价值评价中，或者以客户当前利润贡献这一只能反映客户当前价值的指标作为客户价值的衡量标准，或者以未来客户潜在价值作为衡量标准，或者是将客户的未来价值和潜在价值简单相加。这些都不能充分反映客户的终身价值，并且均未考虑客户的非货币价值。因此，在商业银行普遍开始关注客户的全生命周期价值的背景下，需要对已有的客户价值评价方式进行改良，即充分考虑客户货币价值、非货币价值、当前价值和潜在价值，以客户的货币价值为主要评价指标，其他指标为参考指

标，将定量评价与定性评价相结合，进行权重认定的综合评价方法。

(一) 商业银行客户终身价值评价指标体系确定

基于以上论述，本书把客户价值的评价指标分为两大类：当前价值和潜在价值。当前价值和潜在价值下又分为：货币价值和非货币价值，而货币价值和非货币价值都有相应的要素层指标进行评价，指标体系见表 6-1。

表 6-1 商业银行客户终身价值评价指标体系

Table 6-1 The evaluate indicator system of Customer Lifetime Value

目标层	准则层	指标层	要素层	指标解释
客户价值评价	当前价值 (R1)	货币指标 (R11)	基础利润 (R111)	客户实现收入—客户发生的成本
			收益增长 (R112)	利润增长速度
			成本节约 (R113)	客户为银行节约的成本
		非货币指标 (R12)	规模价值 (R121)	较大的市场份额可以引发客户的从众心理
			品牌价值 (R122)	大量客户的正面宣传能够吸引新的客户
			网络化价值 (R123)	客户的客户为了便于与它进行商业行为，也会采用企业的服务
			推荐效应 (R124)	客户把你的产品/服务推荐给其他客户
	潜在价值 (R2)	货币指标 (R21)	预期利润现值 (R211)	预期未来决策生命周期内的利润贡献
			预期收益增长 (R212)	预期客户生命周期内的收益增长速度
		非货币指标 (R22)	推荐效应 (R221)	客户的维持率
			客户忠诚度 (R222)	客户把你的产品/服务推荐给其他客户
			客户的生命周期 (R223)	目前客户所处的生命周期阶段

(二) 指标体系描述

客户的终身价值评价指标分定性指标和定量指标，其中客户的基础利润、收益增长、成本节约、预期利润现值、预期收益增长等指标都可以经过计算进行精确计量（详细过程见本章第三节和第四节）；而客户价值中的非货币指标，比如客户所带来的规模价值、品牌价值、网络化价值、推荐效应、客户忠诚度和客户生命周期等指标无法进行精确的定量分析，只能进行定性描述，下面分别对各指标进行描述。

（1）基础利润指标 R111：对于基础利润指标，本书采用作业成本法对其成本进行核算，在此基础上，考虑到货币的时间价值问题，对客户发生的利润进行折现，最终得到客户的基础利润。

（2）收益增长指标 R112：对于收益增长指标，本书采用定量分析的方法进行测算，首先根据客户的历史利润数据，对客户利润曲线进行拟合，通过求当前时刻点的斜率，获得客户的利润收益增长率。

（3）客户成本 R113：对于客户的成本指标，可综合考虑客户的各项业务的余额及其总利润贡献，从而确定其属于高成本客户或低成本客户，并进行相应计算确定。

（4）规模价值 R121：银行的规模价值是指随着银行业务、规模、人员数量、机构网点的扩大而发生的单位运营成本下降、单位收益上升的现象，它反映了银行经营规模与成本收益的变动关系。[137]该指标主要反映较大的市场份额可以引发客户的从众心理，专家可根据客户各项业务年均余额来确定客户的规模，并考虑客户的影响率问题，对该指标进行打分确定。

（5）品牌价值 R122：品牌价值是指某品牌的产品所创造的利润与该产品不具备品牌时所获得的利润的差值，即品牌为产品的可视属性所带来的利润增值。[138]该指标主要反映大量客户的正面宣传能够吸引新的客户，主要考虑客户的影响力。

（6）网络化价值 R123：客户的客户为了便于与它进行商业行为，也会采用企业的服务，主要分析产业链。

（7）推荐效应 R124：客户把你的产品/服务推荐给其他客户，从客户的忠诚度角度进行该指标的打分。

（8）客户预期利润现值 R211：指预期未来决策生命周期内的客户利润贡献的现值，本书采用拟合的方法确定客户利润曲线，从而分析客户生命周期内各个时期的利润，并将各期利润折现到当前时刻的价值。

（9）预期收益增长 R212：预期未来决策生命周期内客户为银行带来的利润增长速度。

（10）客户忠诚度 R222：客户忠诚度可以从客户的行为和客户的态度两个方面进行界定。从客户行为的角度看，比较典型的是以客户的重复购买次数、忠诚行为的持续时间和购买比例等来定义客户忠诚度。从客户态度的角度看，比较典型的则是以口碑宣传、推荐意向和购买意向来定义客户忠诚。[139]本书应用该指标主要从客户行为角度考虑，考虑预期客户重复购买次数及客户保持时间。

（11）客户生命周期 R223：客户生命周期是指客户关系保持的时期，本书将客户生命周期划分为四个阶段：考察期、形成期、稳定期、退化期。该指标主要反映客户不同生命周期阶段预期给银行带来的潜在收入。

二、商业银行客户终身价值指标体系权重确定

层次分析法是一种多目标决策方法，把专家的智慧和理性分析结合起来，通过直接比较法，在很大程度上降低了不确定因素。因此，本书在确定各个层面的指标权重时采用该方法。而判断矩阵是 AHP 工作的出发点，构造判断矩阵是 AHP 的关键一步。德尔菲法能够集中专家的经验与意见，并不断地反馈和修改，得到比较满意的结果。本书结合层次分析法和德尔菲法确定商业银行客户评价指标体系权重，见表 6-2。

表 6-2 商业银行客户终身价值评价指标权重

Table 6-2 The evaluation indicator weight of Customer Lifetime Value

目标层	准则层	指标层	要素层
客户价值评价	当前价值 R1（0.75）	货币指标 R11（0.83）	a. 基础利润（0.65） b. 收益增长（0.23） c. 成本节约（0.12）
		非货币指标 R12（0.17）	a. 规模价值（0.10） b. 品牌价值（0.41） c. 网络化价值（0.20） d. 推荐效应（0.29）
	潜在价值 R2（0.25）	货币指标 R21（0.33）	a. 预期利润现值（0.67） b. 预期收益增长（0.33）
		非货币指标 R22（0.67）	a. 客户忠诚度（0.63） b. 推荐效应（0.22） c. 客户的生命周期（0.15）

经过专家打分并运用层次分析法计算，得表 6-2，该表反映了商业银行客户终身价值评价指标体系中各指标的重要程度，对于商业银行客户终身价值的评价中，客户的当前价值指标要远重要于客户的潜在价值指标（权重为 0.75），因为客户的当前价值是客户潜在价值测算的基础；在客户当前价值指标中货币性指标是评价的关键（占 0.83），而货币指标中的基础利润指标是关键指标（占 0.65），可见在商业银行客户终身价值评价中，商业银行客户当前的基础利润测算是客户终身价值评价的关键，因此本书采用作业成本法，对客户当前利润价值进行了科学合理的测算，本书第六章第三节对其进行了详细研究，这里不再赘述。

三、运用模糊综合评价方法确定商业银行客户终身价值

影响商业银行客户终身价值的因素很多，而且各因素之间往往还有

层次之分。在这种情况下，采用多级综合评判的方法是很有效的。也就是将因素集 U 按某些属性进行分类，先对每一类指标作综合评判，然后再对评判结果进行"类"之间的高层次的综合评判。[107]

模糊综合评价模型是由 (U、V、R) 三个基本集合条件构成的。其中，U 为评价对象的因素集：

$$U = (u_1, u_2, \cdots u_n) \quad (6\text{-}2)$$

V 为评语集：

$$V = (v_1, v_2, \cdots v_m) \quad (6\text{-}3)$$

R 为单因素评价矩阵。单因素评价即对因素集中的每个因素，根据评语集中评价等级做出的一个判断，亦即各因素关于评语的隶属度大小。对论域 U 中的每一个因素均做出判断，则可得评价矩阵 R：

$$R = \begin{bmatrix} r_{11} & r_{12} & \cdots & r_{1m} \\ r_{21} & r_{22} & \cdots & r_{2m} \\ \vdots & \vdots & \vdots & \vdots \\ r_{n1} & r_{n2} & \cdots & r_{nm} \end{bmatrix} \quad (6\text{-}4)$$

其中，r_{ij} 表示评价对象因素 u_i 和评语 v_j 具有关系 R 的程度，且：

$$\sum_{j=1}^{m} r_{ij} = 1 \quad (i = 1, 2, \cdots, n) \quad (6\text{-}5)$$

由于 U 中各因素对评价结果的影响程度有所不同，因此需对每个因素赋予不同的权重，于是得到各指标的权重模糊集合 A：

$$A = (a_1, a_2, \cdots, a_m) \quad (6\text{-}6)$$

式中，a_i 为第 i 个评价对象因素 u_i 所对应的权重，且：

$$\sum_{i=1}^{n} a_i = 1 \quad (i = 1, 2, \cdots, n) \quad (6\text{-}7)$$

综合评价就是把单因素评价按各因素的权重综合起来，以 B 表示综合评价的集合，B 定义为：

$$B = A \times R = (b_1, b_2, \cdots, b_m) \quad (6\text{-}8)$$

式中：

$$b_j = \sum_{i=1}^{n} a_i r_{ij} \qquad (j = 1, 2, \cdots, m) \qquad (6\text{-}9)$$

当评价因素较多时，可把各因素按照平行、因果关系等属性分解成若干个子集，对每一个子集按照上述评价方法进行一级综合评价，将一级综合评价的结果列成单因素评价矩阵，根据重要性原则给出权重分配，然后进行矩阵运算，得到二级综合评价。在综合评价中，可依评价的具体情况，进行多次循环，以实现多级综合评价。

第三节　基于作业成本的客户当前货币价值测算

客户货币价值即客户利润贡献，是指银行为客户提供金融产品和其他服务所获得的净收益。它是银行资源产出与资源投入的差值，是客户收入与客户成本的差。

通过客户贡献分析，可以帮助银行调整客户结构，压缩和减少对资源回报率小的客户的投入。也可以为市场营销提供依据，从源头上控制资源的配置方向和数量。由第六章第二节指标体系我们可知商业银行客户的货币价值从当前价值（CCV）和潜在价值（CFV）两个方面进行计量，下面分别对其进行论述。

客户的当前货币价值即客户已经实现的收入减去相应的成本（客户已经实现的收入和成本测算将在下一部分详细论述），其测算模型如下[140]：

$$CCV = \sum_{t=0}^{T} \pi_P(t)(1+d)^t \qquad (6\text{-}10)$$

t：客户生命周期的某一时期；

T：到目前为止客户关系持续的时期；

d：折现率；

$\Pi p(t)$：在过去的 t 期客户为银行贡献的利润，$\Pi(t) = R(t) - C(t)$，

$R(t)$ 为 t 时期客户的收入，$C(t)$ 为 t 时期客户所对应的成本。

一、基于作业成本的客户成本核算流程

客户成本主要有：广告费、宣传费、产品促销费、邮费、电话费、资料印刷费、存款利息支出、贷款资金成本、授信管理（客户经理服务）成本、客户接受柜台服务的成本、客户使用银行卡、ATM 设备服务的成本、网上银行、电话银行等服务成本、后勤支持部门服务的成本、管理部门服务的成本、Call Center 服务的成本、营销维护成本等。

在银行整个经营活动中，这些围绕客户发生的成本可以归为以下五类[141]：

（1）客户产品成本，包括存款利息支出、贷款资金成本等；

（2）客户开拓成本，包括争取客户过程中产生的各项费用，如广告、产品促销、邮费、电话费、资料印刷费等；

（3）客户支持成本，即为客户提供产品和服务的成本，包括向客户提供各种金融产品和服务过程中产生的各项费用，也包括各种咨询和售后服务成本；

（4）客户维护成本，包括在争取到客户后所有的为维持和改善与客户关系所产生的成本；

（5）风险成本，即预期损失（EL）和经济资本（即非预期损失 UL）。银行所承担的预期损失和非预期损失都需要被补偿或消化，以维持银行的稳健运营。预期损失需要以损失准备金的形式加以计入，成为银行管理成本的一部分，并在金融产品价格或贷款定价中得到补偿；而非预期损失需要由银行资本金加以消化和抵御。二者是贷款定价中的关键变量，须在内部评级系统中计算其成本。

基于作业成本法的客户成本核算的思想是首先通过产品作业将费用核算到产品，进而将产品成本分配到客户，然后将维护客户的一些间接

费用分配到顾客作业，进而核算到各个顾客，对于直接材料、直接成本和单个客户的维护费用直接归集到各个客户，为了研究方便，本书在直接资源到客户之间的路径中设置了"虚拟作业"（图 6-2 中用虚框表示的部分），这样客户作业成本模型就可以将所有的资源一并考虑，研究资源和作业、作业和客户之间的关系，而不用把直接费用单独考虑。将每个客户分配到的产品成本和作业成本累加，得到客户的最终成本。具体过程如图 6-2 所示。

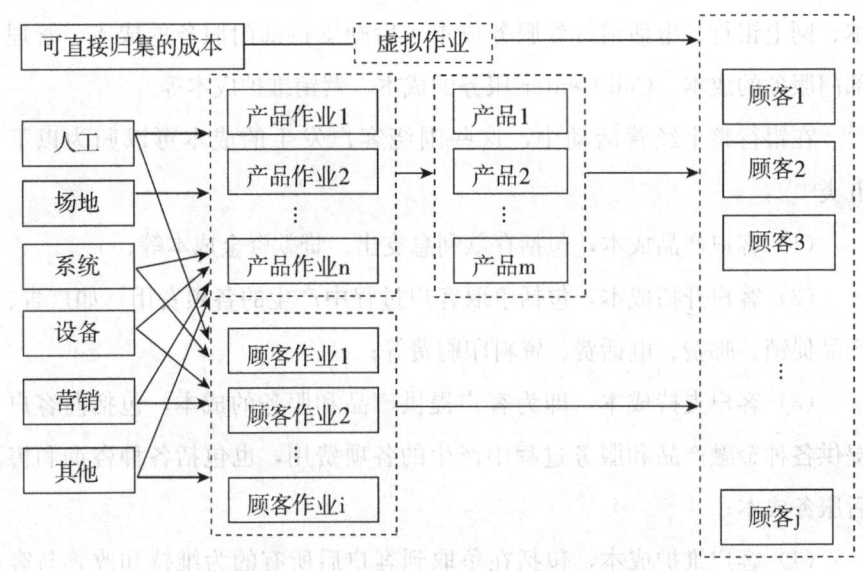

图 6-2 商业银行客户成本核算过程图

Fig. 6-2 The customer cost calculation process of commercial bank

二、商业银行客户关键成本核算

在商业银行中存款的利息成本、贷款的资金成本、税金、准备金、备付金占商业银行成本的较大比重，并且这些成本基本可以直接归集到各个产品，进而归集到各个客户，在作业成本核算模型中我们设置了虚拟作业来考虑这部分成本。然后由于其成本所占比重较大，所以本书对其进行单独介绍。

（一）存款利息成本

商业银行存款业务的直接非人工成本主要包括利息费用和专项费用，利息费用也是存款的主要支出，因此这里对存款的利息费用进行详细介绍。

假设第 C 个客户在某商业银行有 N 笔存款 $D_0,D_1,\cdots,D_{N-1}$，每笔存款的利息率分别为 $DI_0,DI_1,\cdots,DI_{N-1}$，存款的期限分别为 $DT_0,DT_1,\cdots,DT_{N-1}$，则该客户在银行存款的第 t 个会计期间的总利息成本为：

$$CI_t = \sum_{n=0}^{N-1} D_{n_t} DI_{n_t} \quad n=1,2,\cdots,N-1 \quad (6-11)$$

其中，n_t 表示第 t 个会计期间的第 n 笔存款。

（二）贷款业务关键成本

商业银行贷款业务的直接非人工成本主要是资金成本、税金、准备金及专项费用，商业银行贷款业务的资金成本（内部资金转移价格）是贷款业务的主要成本，占成本比重最大，由于篇幅原因不进行深入研究，暂用 Ca 表示。另外贷款业务的税付成本、准备金也是其成本的主要构成部分，下面对其进行讨论。

假设 C 客户在某商业银行有 M 笔贷款，贷款（或者承诺）额度为 $L_0,L_1,\cdots,L_{M-1}$，$m=0,1,2,\cdots,M-1$，贷款利率分别为 $LI_0,LI_1,\cdots,LI_{M-1}$，贷款的期限分别为 $LT_0,LT_1,\cdots,LT_{M-1}$，预期提款比率为 $\alpha_0,\alpha_1,\cdots,\alpha_{M-1}$（对确定性贷款 $\alpha=1$），Cam 为第 m 笔贷款的资金成本率，则该客户在银行第 t 个会计期间的非人工直接成本为：

$$LC_t = \sum_{m=0}^{M-1} L_{m_t}[Cam_t + S_{l_t}] \quad m=0,1,2,\cdots,M-1 \quad (6-12)$$

其中，S_{l_t} 表示第 t 个会计期间的第 m 笔贷款的准备金率。

(三) 中间业务

商业银行的中间业务的主要成本就是提供服务所花费的成本，包括人工、材料、设备、场地、系统、管理和一些专项费用。因此不需要对其非人工直接费用进行专门的介绍。

三、客户的经济资本配置

商业银行的经济资本即商业银行各资产业务的非预期损失。经济资本是一种昂贵而稀缺的资源。首先，资本是一种昂贵的资源。因为银行要获得各种资金都有成本。银行资本的特殊性和业务的高风险性特征决定了银行资本必须要给投资者带来高于一般投资的社会平均预期回报，显然资本是昂贵的。如果没有更高的回报或更高的利益，无人愿意投资于银行。其次，资本是一种稀缺资源，其来源受到种种客观的限制，资本的高风险性导致了资本的稀缺性，资本的品质、银行规模、金融市场发育程度都会影响资本的获得。

经济资本管理的本质即经济资本作为一种昂贵而稀缺的资源，在银行作为内部管理和资源配置手段，通过一定的机制合理有效地配置，使稀缺的资源得到充分有效地使用，使最优的业务得以发展。

2004年，商业银行开始实行经济资本预算管理，强调经济资本对资产扩张的制约作用，并对经济资本要求一定的资本回报。经济资本通过对非预期损失的计算和预测，直接反映银行的风险状况，实现了资本与风险的匹配，形成了真正意义上的以资本为基础的风险防范体系。经济资本预算管理突出反映了商业银行战略发展及内部管理的导向要求。利率作为一种重要的调节杠杆，必将在经济资本预算管理的导向要求下发挥作用，通过贷款定价达到优化资源配置的目的。

(一) 经济资本配置模型

对于经济资本配置数量模型，天津大学博士周群对其进行了详细研究,[142]并进行了实证模拟。

其中，设某银行独立发展的 n 项业务，发展规模分别为 $x_1, x_2, \cdots x_n$，经济资本消耗分别为 $EC_1, EC_2, \cdots, EC_n$，资产组合后消耗经济资本总量为 EC_p，实际资产组合回报为 R_c。各项业务可能的最大发展规模分别为 $A_1, A_2, \cdots, A_n$，合约约定的直接利差收益率（或各项业务的平均利差收益率）分别为 $R_1, R_2, \cdots, R_n$，其他经营管理费用开支比率分别为 $B_1, B_2, \cdots, B_n$，客户发生违约的可能性概率分别为 $D_1, D_2, \cdots, D_n$，非预期损失率分别为 $L_1, L_2, \cdots, L_n$，股东要求综合最低回报为 R_b，各项资产股东要求回报率为 $R_{b1}, R_{b2}, \cdots, R_{bn}$，可分配经济资本总量为 EC。

根据经济资本的定义，对于单笔资产有：$EC_i = x_i D_i L_i$（$i = 1, 2, \cdots, n$）

对于资产组合，可以描述为：

$$UL_i = x_i \sqrt{D_i \delta_{L_i}^2 + L_i^2 \delta_{D_i}^2}$$

$$UL_j = x_j \sqrt{D_j \delta_{L_j}^2 + L_j^2 \delta_{D_j}^2} \quad (i, j = 1, 2, \cdots, n)$$

$$EC_P = \sqrt{\sum_{i=1}^{n} \sum_{j=1}^{n} \rho_{ij} UL_i UL_j}$$

根据经济资本总量约束、经济资本回报约束及股东要求的最低回报要求及银行进行资本配置的目标（经济值最大化），构建了下列线性模型：

$$MAXz = \sum_{j=1}^{n} x_i R_i \quad (6\text{-}13)$$

$$s.t.\begin{cases} \sqrt{\sum_{i=1}^{n}\sum_{j=1}^{n}\rho_{ij}UL_iUL_j} \leqslant EC \\ \dfrac{\sum_{i=1}^{n}x_i(R_i-B_i)}{\sqrt{\sum_{i=1}^{n}\sum_{j=1}^{n}\rho_{ij}UL_iUL_j}} \geqslant 2R_{bj} \\ \dfrac{x_i(R_i-B_i)EC_p}{UL_i\sum_{j=1}^{n}\rho_{ij}UL_j} \geqslant 2R_{bi} \\ \dfrac{\sum x_iR_{ci}}{\sum x_i} \geqslant R_b \\ R_{ci} = \dfrac{x_i(R_i-B_i)EC_p}{UL_i\sum_{j=1}^{n}\rho_{ij}UL_j} - R_{bi} \\ 0 \leqslant x_i \leqslant A_i \\ i = 1,2,\cdots,n \\ j = 1,2,\cdots,n \end{cases}$$

对于模型（6-13）求解，可以得到最优解集（$x_1^*,x_2^*,\cdots,x_n^*$），该解集体现了银行在风险与收益双重约束下的最优业务发展规模，对于调整业务结构，明确发展方向具有重要指导作用。由：

$$EC_i^* = \dfrac{x_i^*\sqrt{D_i\delta_{L_i}^2+L_i^2\delta_{D_i}^2}\sum_{j=1}^{n}\rho_{ij}x_j^*\sqrt{D_j\delta_{L_j}^2+L_j^2\delta_{D_j}^2}}{\sqrt{\sum_{i=1}^{n}\sum_{j=1}^{n}\rho_{ij}x_i^*\sqrt{D_i\delta_{L_i}^2+L_i^2\delta_{D_i}^2}x_i^*\sqrt{D_j\delta_{L_j}^2+L_j^2\delta_{D_j}^2}}} \quad (i=1,2,\cdots,n)$$

可以得到经济资本的最佳配置集合为（$EC_1^*,EC_2^*,\cdots,EC_n^*$），通过经济资本优化配置，可以形成刚性约束，进一步促进业务结构的调整和优化，从而实现调整回报的最大化。

该模型实现了商业银行资本在各业务产品间的最佳配置。对于银行的小客户而言，银行可以不一一考虑客户的信用等情况，直接根据客户所对应的业务配置经济资本成本。而对于大客户或者银行的重要客户，须采用交易分析法。所谓的交易分析法，是指对于大、中额度贷款客户，例如对非生产流通行业的贷款、银团贷款、商业用房贷款，由于银行对其发放的贷款会占较高的比例，因此，需要随时追踪企业的信用变化情况，并不断调整分配经济资本的系数，从而指导信贷资源的投入。主要方法是在以上产品经济资本分配系数的基础上，根据每个交易额度大小、交易对象的信用等级、交易时间的长短，对经济资本系数进行调整，进而确定客户的经济资本成本。

（二）客户经济资本配置

客户消耗的经济资本为客户消耗的各种资产的经济资本之和，由上述模型可以计算出经济资本的最佳配置组合（$EC_1^*, EC_2^*, \cdots, EC_n^*$）和银行各业务的发展规模（$x_1^*, x_2^*, \cdots, x_n^*$），根据这两项结果可以得到各个业务单位资产的经济资本配置系数为$\left(\dfrac{EC_1^*}{x_1^*}, \dfrac{EC_2^*}{x_2^*}, \cdots, \dfrac{EC_n^*}{x_n^*}\right)$，又因为：经济资本＝经济资本分配系数×资产余额，所以客户在某个会计期间能消耗的总经济资本为：$EC_t = \sum_{i=1}^{n} \dfrac{EC_i^*}{x_i^*} A_i$，其中$A_i$为某个会计期间内第$i$种资产的日平均余额。

四、基于作业成本的商业银行客户成本核算

客户消耗成本包括产品成本、客户开拓成本、客户支持成本和客户维护成本等。客户产品成本的核算参照第三章第三节。后三者中即有直接可以归集到某个客户的直接成本（比如对某个客户的专访维护等），又有不能直接归集的间接成本（比如客户的营销费用等），本书采用作业成本法核算客户的总成本。[143]

（一）商业银行客户成本核算指标变量的确定

商业银行客户作业成本核算涉及直接成本参数、资源参数、作业参

数、成本参数等多种指标变量，为计算方便，本书首先将各指标变量进行说明，具体指标变量见表 6-3。

表 6-3 商业银行客户成本核算指标变量

Table 6-3 The Indicator Variable Signs of commercial banks customer costing

指标变量	N	作业数量
	i, j	作业编号 i, j=1, 2, …n
	M (i)	资源种类数量
	m (i), m (j)	作业消耗的资源种类数，m (i), m (j) =1, 2, …M (i)
	H	客户使用的产品数量
资源参数	Vm (i)	第 m (i) 种资源所消耗的价值
	R [i, m (i)]	作业 i 消耗的第 m (i) 种资源的动因量
	Dm (i)	第 m (i) 种资源的资源动因分配率
作业参数	θ (i, s)	第 i 种作业分配到 s 顾客（作业）的作业动因分配率
	α (i, s)	S 顾客消耗的 i 作业的作业动因量
	β (s, l)	作业 s 流入到作业 l 的作业动因量
	γ (s)	作业 s 的作业动因分配率
成本参数	MC	非人工直接消耗成本
	LC	直接人工消耗成本
	RC	间接资源消耗总价值
	ΔC (i)	作业 i 的增量成本
	C (i)	作业 i 的作业成本
	SC	客户总成本

（二）基于作业成本的商业银行客户成本核算

各类资源消耗，将资源消耗价值归集到资源库：

$$RC = \sum_{m(i)=1}^{M(i)} Vm(i) \qquad (6-14)$$

资源动因费率：

$$Dm(i) = \frac{Vm(i)}{\sum_{i=1}^{n} Rm(i)} \qquad (6\text{-}15)$$

资源 $m(i)$ 分配到作业 i 的成本 $\Delta C[i,m(i)]$ 为：

$$\Delta C[i,m(i)] = Dm(i)R[i,m(i)] \qquad (6\text{-}16)$$

作业 i 的总成本为：

$$\Delta C(i) = \sum_{m(i)=1}^{M(i)} Dm(i)Rm[i,m(i)] \qquad (6\text{-}17)$$

作业动因分配率：

$$\theta(i,s) = \Delta C(i)/\sum_{i=1}^{n} a(i,s) \quad i,j=1,2,\cdots,n \qquad (6\text{-}18)$$

作业 i 流入到下一个作业或者顾客 s 的成本为：

$$C(i,s) = \theta(i,s)a(i,s) \qquad (6\text{-}19)$$

下一个作业/顾客 s 的累积作业成本分为两种情况，第一种情况 s 不是最终的顾客，而是一个中间节点，此时 s 的累积成本为作业 i 流入到 s 的成本与节点 s 的增量成本的和，如下式：

$$\begin{aligned} C(s) &= \sum_{i=1}^{s} \theta(i,s)a(i,s) + \Delta C(s) \\ &= \sum_{i=1}^{j} \theta(i,s)a(i,s) + \sum_{m(s)=1}^{M(s)} Dm(i)R[s,m(i)] \end{aligned}$$

$$(6\text{-}20)$$

作业 s 的作业动因分配率：

$$\gamma(s) = C(s)/\sum_{l=s+1}^{n} \beta(s,l) \quad l=s+1,s+2,\cdots,n \qquad (6\text{-}21)$$

s 作业流入 l 作业的作业成本：

$$C(s,l) = \gamma(s)\beta(s,l) \qquad (6\text{-}22)$$

作业 l 的总成本为：

$$\hat{C} = \sum_{S=1}^{N} \gamma(s)\beta(s,l) \qquad (6\text{-}23)$$

否则，如果 s 节点是作业成本计算的终点——顾客，则该节点的成本

为作业 i 流入的作业之和加上客户的直接成本,计算公式如下:

$$\hat{C} = \sum_{i=1}^{s} \theta(i,s) a(i,s) \qquad (6\text{-}24)$$

客户消耗的产品成本为:

$$PC = \sum_{h=1}^{H} \vec{C}(h) \qquad (6\text{-}25)$$

顾客 s 第 t 个会计期间的总成本为:

$$AC_t = PC + \hat{C} = \sum_{h=1}^{H} \vec{C}(h) + \sum_{i=1}^{s} \theta(i,s) a(i,s) \qquad (6\text{-}26)$$

五、商业银行客户总成本核算

由本章第二节的相关论述可以分别得到某客户在会计期间 t 内发生的利息成本、经济资本成本和作业成本,从而可以得到某客户在会计期间 t 的总成本为:

$$\begin{aligned}
C_t &= CI_t + LC_t + EC_t + AC_t \\
&= \sum_{n=0}^{N-1} D_{n_t} DI_{n_t} + \sum_{m=0}^{M-1} L_{m_t} [Cam_t + S_{1_t}] + \sum_{i=1}^{n} \frac{EC_i^*}{x_i^*} A_i \\
&\quad + \sum_{h=1}^{H} \vec{C}(h) + \sum_{i=1}^{s} \theta(i,s) a(i,s)
\end{aligned} \qquad (6\text{-}27)$$

六、基于作业思想的客户收入的计量

来自客户收入主要包括:客户贷款利息收入、客户存款隐性利息收入、中间代理服务手续费收入(代发工资、代理医保支付)、提供信用服务收取的收入(承兑、担保、开证手续费)、提供日常账户服务收入(支票工本费、汇款手续费)、罚息、罚款等。对于客户收入,其确认相对来说比较容易,只需将已经按照传统的权责发生制确认的收入,按收入与客户对应的原则重新在客户户头下确认,由于收入的来源具有明晰可追溯的特点,因此客户收入确认的工作可由综合业务系统在业务发生时即自动按客户记录入账。然而不是银行所有的收入都可以与客户挂钩的，比如银行进行国债买卖所产生的收入，这类收入不能归入客户业绩核算的范围。[144]

客户为银行带来的收入分利息收入和手续费收入两部分，商业银行的客户收入一般包括存款业务收入、贷款业务收入和中间业务收入。下面详细讨论银行的客户收入。

某客户第 t 期的收入：

$$R_t = DI_t + LI_t + MI_t \tag{6-28}$$

其中，DI_t 为某客户在第 t 期的存款收入；LI_t 为某客户在第 t 期的贷款收入，MI_t 为某客户在第 t 期的中间业务收入。

(一) 基于作业的存款业务收入核算

对存款账户收入 DR_j 的计算各家银行口径会略有差异，这与存款的收益结构有关。

假设银行的第 j 个客户在银行有 N 笔存款，存款额度为 $D_0, D_1, \cdots, D_{N-1}$，存款的期限分别为 $DT_0, DT_1, \cdots, DT_{N-1}$，每笔存款的内部收益率为 $R_0, R_1, \cdots, R_{N-1}$，则该客户的存款在银行的第 t 个会计期间的收入为：

$$DR_t = \sum_{n=0}^{N-1} R_{n_t} D_{n_t} \tag{6-29}$$

(二) 贷款业务收入核算

假设银行的第 j 个客户在该银行有 M 笔贷款，贷款（或者承诺）额度为 $L_0, L_1, \cdots, L_{M-1}$，贷款利率分别为 $LI_0, LI_1, \cdots, LI_{M-1}$，贷款的期限分别为 $LT_0, LT_1, \cdots, LT_{M-1}$，预期提款比率为 $\alpha_0, \alpha_1, \cdots, \alpha_{M-1}$（对确定性存款 $\alpha = 1$），$F_0, F_1, \cdots, F_{M-1}$ 为各笔贷款的收费收入（年费收入），由此得某客户贷款第 t 个会计期间收入的计算公式为：

$$LR_t = \sum_{m=0}^{M-1} [LI_{m_t} LD_{m_t} \alpha + UI_{m_t} LD_{m_t} (1-\alpha)](1-t) + F_{m_t} \tag{6-30}$$

其中，UL_{m_t} 表示第 t 个会计期间的第 m 笔贷款的未提款项的利率。

（三）中间业务收入核算

因为商业银行的中间业务涵盖了除资产和负债业务之外的全部内容，产品种类多、结构复杂，而且近几年还在不断创新，致使中间业务收入的计算也相当复杂，特别是对于大的集团客户，使用的中间业务往往多达数十种。事实上，在西方发达国家商业银行中，中间业务收入占银行总收入的大部分，这与我国商业银行以息差收入为主的收入结构很不一样。但在我国，尤其是近几年我国商业银行中间业务创新的速度明显加快，中间业务收入占总收入的比重也在不断提高，因此对以综合贡献为基础的贷款定价方法的影响是很大的。

假设银行的第 j 个客户使用商业银行的 P 种中间业务 $S_0, S_1, \cdots, S_{P-1}$，各中间业务的使用次数为 $Q_0, Q_1, \cdots, Q_{P-1}$，$E_0, E_1, \cdots, E_{P-1}$ 为各中间业务的收费收入，则该客户第 t 会计期间的中间业务收入 $MR(t)$ 的计算公式如下：

$$MR_t = \sum_{p=0}^{P-1} S_{p_t} Q_{p_t} E_{p_t} \qquad (6-31)$$

（四）客户总收入核算

商业银行客户收入的概念是一个时间概念，因此在确定客户收入时首先要界定客户收入的会计期间，本书核算客户收入是为了对客户整体盈利能力进行分析，进而进行相应的客户决策，因此在以上对某个会计期间该客户的所有收入进行了计量，从而得出客户在某个会计期间的总收入为：

$$\begin{aligned} R_t &= DI_t + LI_t + MI_t \\ &= \sum_{n=0}^{N-1} R_{n_t} D_{n_t} + \sum_{m=0}^{M-1} LI_{m_t} [LD_{m_t}\alpha + UI_{m_t}(1-\alpha)](1-t) \\ &\quad + \sum_{p=0}^{P-1} S_{p_t} Q_{p_t} E_{p_t} \end{aligned} \qquad (6-32)$$

七、商业银行客户当前价值测算

(一) 客户在某会计期间的利润测算

由式 (6-1) 可知某客户在某个会计期间的利润贡献为客户实现的所有收入与对应消耗的成本的差,因此,我们可以得到在某个会计期间客户的利润贡献:

$$\begin{aligned}\Pi_t &= R_t - C_t \\ &= \sum_{n=0}^{N-1} R_{n_t} D_{n_t} + \sum_{m=0}^{M-1} LI_{m_t} [LD_{m_t}\alpha + UI_{m_t}(1-\alpha)](1-t) \\ &\quad + \sum_{p=0}^{P-1} S_{p_t} Q_{p_t} E_{p_t} - \Big[\sum_{n=0}^{N-1} D_{n_t} DI_{n_t} + \sum_{m=1}^{M-1} L_{m_t}[Cam_t + S_{1_t}] + \sum_{i=1}^{n} \frac{EC_i^*}{x_i^*} A_i \Big] \\ &\quad + \Big[\sum_{h=1}^{H} \vec{C}(h) + \sum_{i=1}^{s} \theta(i,s)a(i,s)\Big] \end{aligned} \quad (6\text{-}33)$$

(二) 客户基础利润测算

由式 (6-10) 可得客户的当前价值为: $CCV = \sum_{t=0}^{T} \pi_P(t)(1+d)^t$,将 Π_t 带入即可得客户当前的基础利润。

(三) 客户收益增长速度的确定

通过计算客户过去各个会计期间的利润值,绘制客户贡献利润曲线,求曲线在目前时点的斜率,即可得到客户收益的增长速度。

第四节　采用拟合法确定商业银行客户的潜在利润

一、预测原理

客户的购买行为具有继承性和延续性，利润是反映客户购买行为的综合指标，也具有继承性和延续性，因此用反映客户过去购买行为的历史利润预测反映客户未来购买行为的客户未来利润（即客户的潜在利润拟合）具有合理性。拟合法基本原理：根据客户历史利润与已知的典型客户利润曲线的拟合情况，预测客户未来利润随时间变化的趋势，即未来客户利润模式（曲线），然后根据描述客户未来利润模式的数学函数预测客户的潜在利润贡献。下面描述的 CLV 预测步骤，进一步阐明了这种方法的预测原理。[145]~[147]

(1) 计算客户在过去生命周期中每个特定会计期间的历史利润贡献。会计期间的选取可以是月、季度或年，以及更长的单位，具体会计期间的选择可以依据客户与银行交易的频率或购买周期的长短来决定，如果客户每个月都有较多的交易，则可以以月为单位；反之，若客户交易频率较低，则可以延长单位时间的长度。关于历史利润贡献的计算，在前文中已经进行了详细论述，因此，这里可以直接选用相关的指标数据进行拟合。

(2) 根据计算出的客户历史利润贡献绘制其随时间变化的曲线图。这一曲线图反映了该客户在其过去的客户生命周期中对银行的利润贡献随时间变化的特征。

(3) 根据第二步的历史利润曲线，预测客户未来利润模式并确定模式中的参数。根据上文论述，客户利润是随时间的变化有规律可循的，这样我们就可以比较容易地预测客户的未来利润模式。

(4) 确定客户未来生命周期长度。客户未来生命周期长度 E 的确定也是预测 CLV 的一个难点，影响 E 的因素很多很复杂，包括银行变量、客户变量、环境变量等诸多方面的大量因素。直观地看，只要客户本身不发生转移，公司客户剩余生命周期可以趋于无限长，但由于客户终身价值本身具有未来指向性的特点，当预测期过长时，其决策价值会被削弱。实践中，人们通常将客户剩余的生命周期设定为企业的决策期。由于商业银行客户终身价值评估目的是为了营销决策，因此其长度也取决于营销决策周期的长度。为了简化，E 往往取一个定值，一般取 3 年或 5 年，所有客户（只要客户关系没有显恶化的征兆）都取这个值，因此 CLV 预测的是最多 5 年的客户利润，而并不是真正意义上的全生命周期利润。这样做的理由有两点，一是预测 CLV 的目的主要是比较一定时期内不同客户对银行价值的相对差异，以便为相关的决策提供依据，这样取的 E 值是可以达到这一目的；二是 CLV 的预测是一个不断调整的动态监测过程，每过一个会计期间（如月）都要调整一次，如发现某些客户关系出现倒退且银行无法阻止或无必要阻止这种关系的倒退，则可以对这些客户的 E 值做相应调整（减小 E 值）。

（5）折现率 d 的确定。在客户终身价值理论中，研究者们对折现率 d 如何确定并未进行详细研究，通常仅将其设定为银行的某一利率水平，但这一做法在商业银行并不适用。原因在于，与一般生产领域企业不同，商业银行经营的业务需要承担较高的信用风险，银行对这一风险会要求相应的"补偿"。已有的研究中，有研究者采用了"信用风险价值"这一指标来定量衡量客户的信用风险，并认为客户的真正价值是终身价值扣除掉这部分风险价值后的值，这里，研究者实际上假定了在客户剩余生命周期中其信用风险是不变的，实际上，预测时间越久，银行承担的风险越大。对于这一问题，可以将信用风险对客户价值的影响以风险补偿的形式纳入折现率中，随时间推移，折现因子呈增大趋势，因此，可以相对准确的反映银行承担风险的变化。风险因子的引入，将风险因素考虑到了对客户价值的评价中，从而弥补公司客户价值评估指标未考虑客户风险的缺陷。

（6）预测客户全未来生命周期价值。确定了客户未来利润模式和客户生命周期长度，根据式（6-34）CLV 的一般计算公式便可容易地预测 CLV。

$$CLV = \sum_{t=T+1}^{E} \pi(t)(1+d)^{(E-t)} \pi r(t) \tag{6-34}$$

二、拟合函数的确定

客户利润模式，即利润曲线的拟合函数，是预测 CLV 的关键。客户利润曲线的拟合函数有很多种，具体操作中可根据客户的历史利润曲线的实际形式进行选择。另外，由于客户利润曲线拟合需要多个样本，而有些客户在银行的存续时间较短，甚至是银行刚刚开发的新客户，对于此类客户可以弱化该指标，重点考虑客户的忠诚度及客户的潜在价值指标。对于在银行存续时间较久的客户可以利用客户历史数据对利润曲线进行模拟，然后确定客户的潜在利润。下面介绍两种典型的客户生命周期价值拟合函数。

（1）客户利润（单位时间利润而不是累积利润）随时间的变化分三个阶段（见图 6-1）：开始阶段以加速度快速增长；在某一时点（t_1）后增长速率开始放慢但继续增长；最后可能由于双方关系恶化并破裂。客户利润从某一时点（t_2）起快速下降直至为零。因此，倒"U"形客户曲线可分成三段，需分别用三种函数拟合，可能的拟合函数有多种，下面介绍常见的两种，式 6-35 是其中一种拟合函数[148]：

$$\begin{cases} y_t = y_1 = h_1 t^2 + v & t \leqslant t_1 \\ y_t = y_2 = y_1(t_1) + [N(1 - e^{-1+\mu_1})] & t_1 \leqslant t \leqslant t_2 \\ y_t = y_3 = -h_3(t - t_2)^2 + y_2(t_2) & t > t_2 \end{cases} \tag{6-35}$$

式中，y_t 为客户第 t 个会计期间的客户利润。y_1 为二次增函数，表示客户利润以一定的加速度（$2h_1$）快速增加，y_2为一上渐进函数，表示客户利润一直增长，但增长越来越慢，且始终越不过一个利润最高限，最高限为$[y_1(t_1)+N]$，y_3为一个二次降函数，表示客户利润以一定的加速度（$2h_2$）锐减。参数v、h_1、h_2、t_1、t_2、N都是正常数。V表示客户第一次购买带给银行的利润，通常这个值不高，甚至接近零（未考虑获取成本，如果考虑获取成本，V常为负值）。h_1、h_2反映了客户利润增长和下降的加速度。t_1、t_2是利润曲线发生转型的两个点。N是t_1时点后利润总增幅的极限，$[y_1(t_1)+N]$等于客户单位会计期间利润的上限。

（2）另一种是 Compertz 曲线，其函数表达试为[149]：

$$y = Me^{-ae^{-bt}} \quad \text{（其中，} M, a, b \text{均为大于零的参数）} \tag{6-36}$$

其导数为：$y' = abMe^{-ae^{-bt}-bt}$

令 $M' = abM, \bar{y} = y'$，则有：

$$\bar{y} = M'e^{-ae^{-bt}-bt} \tag{6-37}$$

当t位于初期，$\bar{y}$缓慢增长，这对应于图6-1的投入期。当t位于t_1左右两侧，$\bar{y}$增长逐渐加快，到$t=t_1$时，$\bar{y}$达到最大，随后增速逐渐减缓，这是成长期的特征。当t接近t_2，$\bar{y}$虽在增长，但增势有限，曲线逐渐平缓，呈直线状态，到$t=t_2$，$\bar{y}$取最大值，随后$\bar{y}$缓慢，进入成熟期。随着t的增大$\bar{y}$减速加快，进入衰退期。

第五节 基于客户终身价值评价的客户营销决策

一、基于客户终身价值的客户细分

根据菲利普·科特勒[150]观点，所谓客户细分是指按照购买者所需要的个别产品或营销组合，将一个市场分为若干不同的购买者群体，并描述他们的轮廓。客户细分是商业银行区分有价值客户的关键，合理的客户细分为差别营销奠定了基础，从而提高商业银行管理效率、增强商业银行经营效益。

通过基于客户终身价值的商业银行客户贡献核算,并利用商业银行客户终身价值评价指标体系对客户的终身价值进行测算。本书提出了客户细分群的建议,把客户细分为四大类:优质客户、中坚客户、大众客户和低端客户。下面分别进行分析。

(1) 优质客户:优质客户是指客户终身价值综合评价得分在 90 分以上的客户,该类客户为银行贡献较大的利润,代表那些盈利能力最强的客户,信用记录良好;在金融产品的使用和交易量方面远远高于其他客户,对价格并不十分敏感,愿意购买、试用新产品;对于私人客户而言,这类客户一般都是高收入阶层,学历较高、工作稳定、收入颇丰,客户的需要主要有理财、投资、咨询、境外交易、外汇买卖、个人保险、个人资产管理和证券交易等,并表现出对银行的高度忠诚。对于公司客户而言,该类客户一般是信用较好、行业发展前景远大、企业本身有很大的发展潜力、对银行高度忠诚的客户。

(2) 中坚客户:中坚客户是指客户终身价值评价得分在 75～90 分之间的客户,该类客户的盈利能力稍微低于优质客户,但高于大众客户,是商业银行利润的主要来源,数量较大。一般是产品的大量或中度使用者,有一定的忠诚度和利润提升空间,可以适当增强银行的规模效益、品牌效益和网络化效益,是商业银行重点培育对象。

(3) 大众客户:大众客户是指客户终身价值综合评价得分在 60～75 分之间的客户,该类客户盈利能力一般,但客户数量较大,在金融产品的使用速度、支付频度、存款和交易量方面有一定的热情,但是使用起来比较谨慎小心,对价格比较敏感,客户的忠诚度比较低,有转移和背叛的可能。

(4) 低端客户:低端客户是指客户终身价值综合评价得分在 60 分以下的客户,该类客户消耗银行的资源,但盈利能力不值得银行特殊对待,客户对于银行提供的服务具有双重转变的可能,具体反映在交易量上有下滑的趋势，此类客户要求很多，和他们的支出水平和盈利能力对应的要求不符，可能会是问题客户，并不时对银行产生抱怨，对银行的热情和忠诚度很低。

二、基于客户细分的客户营销策略

在客户细分的基础上对于以上四种客户类型（优质客户、中坚客户、大众客户和低端客户）分别实施不同的影响方案，具体方案分析如下。[151]

（一）优质客户的营销策略

这些客户给银行带来的贡献是巨大的。无论从贡献度还是贡献率来看，优质客户都是银行最重要的客户。加强优质客户营销，同他们保持良好关系对银行的发展具有至关重要的意义。对优质客户的关系管理方法主要有产品附加价值和关系维护两方面，有利于关系维护的条件包括频繁的接触、互动与双向交流，知识和信息的有效传递、熟悉程度、客户参与等方面。优质客户关系管理的实现途径具体如下：

（1）建立结构性优势。所谓结构性优势，是指银行提供客户非常需要但又不能从其他银行得到的服务，从而树立自己的客户优势。这些优势能为客户提供更多的使用价值，通常包括关键技术、能力、品牌形象、信息网络、持续服务关系等非价格动力因素。同时必须分析竞争对手与客户的关系，了解他们对客户的关系策略及业务开展情况，并将其与自己的客户关系管理现状进行分析，从而树立自己的结构性优势。

（2）支持客户成功战略。真正维持长期关系的基础是双方利益的一致性，缺少了这种利益一致性，双方就不可能建立高度信任的关系，因此银行不应仅仅满足于使客户得到满意的服务，而应该制定客户成功战略，包括根据现有客户关系状态制定周密详细的客关系发展计划：主动对客户进行 SWOT 分析，通过分析客户的行业竞争态势、内部组织结构和管理体系等帮助客户找出机会与威胁、优势与劣势，支持客户战略的实现；让客户高度参与并定制产品；帮助客户发现需求并从所购买的银行产品中获取最大收益；从银行的位置跳到客户顾问的角度，同客户共同分析问题和创造性地解决相关问题，如积极组织银团贷款，当外界条件变化时，帮助客户分析金融产品风险并及时调整投资组合等。

（3）多层信任与学习网络。银行应配备由行长、行政主管、客户经理、产品专家、科技人员等组成的金融服务团队来向客户提供全面金融服务。分行领导、支行行长、财务经理、行政主管、信贷专家、客户经理等都应与客户对等的关键人物建立并保持良好的信息沟通渠道和企业级信任关系，通过每一次互动来获取知识，这种学习型互动可促进共同分享有利于银行与客户双方关系的信息和意见，增强双方的了解，保证双方工作的顺利进行以发挥更大的协同效应。

（4）战略合作协议。银行可以与客户签订战略伙伴合作协议，增强双方的依赖性并以此来固化客户关系。双方高层管理人员应定期进行沟通，就双方的战略相关问题进行磋商和协调，对双方的共同目标进行调整。

（二）中坚客户营销策略

此类客户给银行带来的贡献同样是巨大的。虽然单个中坚客户的贡献度不如优质客户的贡献度大，但这部分客户的数量远大于优质客户，因此牢牢抓住这部分客户，加强对他们营销，保持良好关系对银行的发展同样具有至关重要的意义。中坚客户营销的方法与优质客户相似，但在投入时间、任务复杂性、客户参与程度、信息共享程度等方面都略低于优质客户。其实现途径主要有：

（1）制定客户忠诚战略。中坚客户对银行的贡献度和贡献率较大，但又有不如优质客户的地方，而合作关系不如优质客户稳定，因此中坚客户往往是银行与竞争对手共同争夺的对象。为此，银行应根据客户的特点制定实现客户忠诚的客户关系发展战略，以增加客户黏性。

(2) 高质量服务保证。服务是产品附加价值中十分重要的差异因素，服务质量可以分为两个层次，一是仅仅满足客户需求的服务质量，二是使客户满意的质量。高质量的服务保证应该是使客户满意的质量，包括提供优质的服务产品、良好的服务环境、可信的服务承诺等。客户经理需要经常联系客户，询问产品是否符合客户的要求；同时还应深入发现客户的潜在需求，努力为客户提供超过客户期望的产品、服务，主动性地开发客户需求，帮助客户解决实际问题，将"零缺陷"服务观念提升为满意服务观念，不断地增强客户对银行的信任和忠诚。

(3) 高度客户参与。高度客户参与应让客户参与到产品的开发和生产过程中来，以促进金融产品的创新性与个性化。客户的参与度越高，客户经理对客户的了解就越多，双方之间的关系就会越牢固。高度客户参与还包括与客户共同建立客户数据库，共同分析客户需求和产品性能，与客户进行有效地沟通，鼓励客户协助改进服务。

(三) 大众客户的营销策略

此类客户给银行带来的贡献度和贡献率都处于平均水平，但这部分客户是银行最大的一个客户群体。如果银行盲目尝试提高这部分客户的贡献度和贡献率，则庞大的客户数量将会消耗银行大量的资源，可能得不偿失。因此对这部分客户的营销策略应当是在满足客户基本需求的基础上，低成本营销，尽量降低这部分客户对银行的资源消耗。

(1) 满足客户需求战略。大众客户关系管理不以支持客户成功为核心，而主要是停留在满足客户需求的层次上。为此银行可制定满足客户需求的客户关系发展战略，通过自动化手段来掌握客户对有关产品改进的各种建议，以及产品存在的任何特殊的缺陷和不足，以帮助银行不断地改进产品和服务，使之更加符合客户需求。

(2) 低成本忠诚回报活动。低成本忠诚回报活动用于奖励和维系大量的有一定利润贡献但贡献不高的长期客户。其激励方式的特点主要是大众化、低成本，可以根据客户在银行的账户数目、交易关系的长短、贷款额度、存款余额、信用卡使用情况、推荐客户数目、投资服务的关联使用情况等来设立一定的点数，为点数较多的客户寄送荣誉客户感谢卡，并给予一定成本控制范围内的财务奖励和服务奖励。

(3) 良好硬件服务。对大众客户的服务质量局限在满足客户需求的层次，因此银行只需提供良好的硬件服务和稍稍优越于竞争对手的服务方式，让客户把银行当成优先考虑的选择对象。例如，设立大堂经理、创造舒适安静的服务环境、使用文明服务语言、提供微笑服务等。

(4) 有限关联销售。针对客户情况，可以适当进行关联销售。而对客户潜在贡献不高的客户，由于客户关系的改善对银行价值的作用不大，银行应该控制对他们进行的关联销售量，也不需对他们提供大量新的产品和服务，达到维持现有客户关系状态的目的。

（四）低端客户的营销策略

此类客户给银行带来的贡献度和贡献率都很小，部分客户甚至给银行带来负贡献。除了这部分客户，还有部分贡献度较小的普通客户也可以划为低端客户，由于其贡献度及贡献率都不大，不论从规模还是效益上来说，这些客户对银行的意义都不大。如果盲目保留这类客户则只会造成银行资源的浪费并给银行带来损失，因此这部分客户不应该成为银行发展客户关系的对象，对这部分客户采取遏制与退出管理。所谓遏制与退出管理，是指商业银行对低端客户不进行关系管理，将关系仅仅停留在简单交易程度上的关系管理。其核心是以最低的代价实现退出，如不鼓励其使用本行产品，委婉地拒绝客户的需求；适当提高产品或服务的价格；降低为这些客户服务的成本以逐渐结束客户关系。将节约的银行资源运用到更重要的客户上，为银行提高经营效益。

第六节 算 例

假设某客户 C 在商业银行 A 只有贷款业务，没有存款业务和其他业务。目前贷款余额 300 万元（均为确定性贷款，即 $\alpha=0$），其中 10 年期贷款 200 万元（5 年后到期），贷款利率为基准利率下浮 10%，即 5.76% × 0.9 = 5.18%；1 年期流动资金贷款 50 万元（6 个月后到期），贷款利率为基准利率下浮 10%，即 6.57% × 0.9 = 5.91%；一笔 3 年期贷款 50 万元，还有 1 年到期，贷款利率为基准利率下浮 10%，6.85% × 0.9 = 6.16%。为计算方便假设折现率均为 6%。

一、客户收入核算

(1) 10 年期贷款利息收入核算：

$$LR_1 = \sum_{t=1}^{5} 200 \times 5.18\% \times (1+6\%)^{-t}(1-5.55\%)$$
$$= 58.47 (万元)$$

(2) 3 年期贷款的利息收入为：

$$LR_2 = 50 \times 6.16\% \times (1-5.55\%)[(1+6\%)+(1+6\%)^2]$$
$$= 6.3486 (万元)$$

(3) 1 年期流动贷款的利息收入为：

$$LR_3 = 50 \times 5.91\% \times (1-5.55\%) \times (1+6\%)^{\frac{1}{2}}$$
$$= 2.87 (万元)$$

(4) 客户实现的贷款总收入为：

$$LR = LR_1 + LR_2 + LR_3$$
$$= 67.6886 (万元)$$

二、客户成本核算

(一) 产品已经消耗的成本

1. 资金成本

该客户 10 年期贷款的资金成本率为 2.45%，1 年期流动贷款的资金成本率为 1.8%，当前 3 年期贷款的资金成本率为 2.25%，则客户的资金成本分别为：

$$LC = \sum_{t=1}^{5} 200 \times 2.45\%(1+6\%)^{-t} + 50 \times 1.8\%(1+6\%)^{\frac{1}{2}}$$
$$+ \sum_{t=1}^{2} 50 \times 2.25\%(1+6\%)^{t}$$
$$= 29.98 + 0.9266 + 2.4565 = 32.644 \text{（万元）}$$

2. 经济资本成本

客户的经济资本等于各产品的经济资本之和，假设经计算 10 年期长期贷款的经济资本分配系数为 5%，3 年期中长期贷款业务的经济资本分配系数为 4%，1 年期流动贷款的经济资本分配系数为 2%，并假设银行的经济资本回报率要求为 20%，则该客户的经济资本成本为：

$$E_1 = \sum_{t=1}^{5} 200 \times 5\% \times 20\%(1+6\%)^{t} + 50 \times 2\% \times 20\%(1+6\%)^{1/2}$$
$$+ \sum_{t=1}^{2} 50 \times 4\% \times 20\%(1+6\%)^{-t}$$
$$= 13.294 \text{（万元）}$$

3. 风险准备成本

风险准备成本 S_1，风险准备成本是指商业银行为预防贷款的预期损失而提取的风险成本，一般为贷款余额的 1%，下面对该客户的风险准备成本进行核算：

$$S_1 = 200 \times 1\% (1+6\%)^5 + 50 \times 1\% (1+6\%)^{\frac{1}{2}} + 50 \times 1\% (1+6\%)^2$$
$$= 4.2818（万元）$$

4. 产品消耗的作业成本

假设 10 年期贷款共经历了 3 次咨询，进行了 5 次担保物审核和 10 次贷后管理，且假设该笔贷款作业成本动因率如表 4-6，由模型（3-21）可得该客户该笔贷款的作业成本为：

$$[4.35 \times 3 + 43.95 + 75.75 + 57.88 \times 5 + 26.25 + 22.95 + 79.60] \times (1+6\%)^5 = 802.95（元）$$

1 年期流动贷款共经历 3 次咨询、1 次担保物审核和 1 次贷后管理，则该笔贷款的作业成本为：

$$4.35 \times 3 + 43.95 + 75.75 + 57.88 + 26.25 + 22.95 + 79.60 = 319.43（元）$$

3 年期贷款共经历 2 次咨询、3 次担保物审核和 2 次贷后管理，则该笔贷款的作业成本为：

$$(4.35 \times 3 + 43.95 + 75.75 + 57.88 \times 3 + 26.25 + 22.95 \times 4 + 79.60) \times (1+6\%)^2 = 561.45（元）$$

客户消耗产品的总作业成本为：1683.83（元）

（二）客户维护消耗的成本

客户维护消耗的成本计算如下：

$$340 + \sum_{t=1}^{5}(121.67 + 146.67) \times (1+6\%)^{-t} = 1943.40（元）$$

三、客户基础利润贡献确认

客户的基础利润贡献是指客户已经实现的收入与客户消耗的成本的差，经计算客户已经实现的收入为 67.6886 万元，客户消耗的总成本为：

$32.644+13.294+4.282+(1683.830+1943.400)\times 10^{-4}=50.6025$（万元）

因此，该客户的基础利润贡献为：

$67.6886-50.6025=17.0861$（万元）

四、客户预期利润贡献模拟

（一）客户年利润测算

以上进行的客户利润测算是到目前为止该客户为商业银行带来的利润总和，为进行客户预期收入模拟，下面我们对客户每年实现的利润进行测算。

第一年实现利润：$9.7850-4.9000-2.0000-2.0000-0.1182$
$=0.7668$（万元）

第二年实现利润：$9.7850-4.9000-2.0000-0.0324=2.8526$（万元）

第三年实现利润：$9.7850-4.9000-2.0000-0.0324=2.8526$（万元）

第四年实现利润：$9.7850-4.9000-2.0000-0.0324$
$+(2.9091-1.1250-0.4000-0.5000-0.0454)$
$=3.6913$（万元）

第五年实现利润：$2.8526+(2.7910-0.9000-0.2000-0.5000-0.0319)$
$+(2.9091-1.1250-0.4000-0.0454)$
$=5.3504$（万元）

（二）拟合曲线的确定

下面依据前面介绍的拟合原理来分析该客户周期的利润贡献曲线：

1. 确定客户 j 的拟合曲线

客户 j 历史利润曲线散点图如图 6-3 所示。

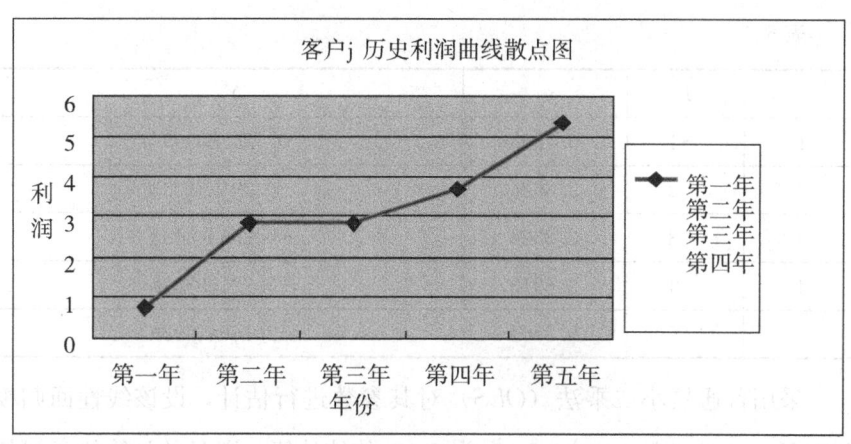

图 6-3 客户 j 历史利润曲线散点图

Fig. 6-3 The Scatter plot of customer j history profit

2. 选择合适的函数形式进行预测

结合客户生命周期曲线，我们发现客户目前正处于生命周期的第一阶段，并逐渐向第二阶段过渡，经研究观察，发现该曲线形状接近 Compertz 曲线的形状，因此，可以采用 Compertz 曲线来进行拟合。

Compertz 曲线的一般方程为：$y_t = Mexp(-ae^{-bt})$

其中，y_t 为第 t 年的利润贡献，M 为 y_t 的极限，b 为参数。

则 Compertz 的样本回归方程可表示为如下形式：

$$\hat{y}_t = Mexp(-\hat{a}e^{-\hat{b}t}) \quad (6-38)$$

由历史利润中的最大值为 5.35，因此可近似的认为 $M=6$。

令 $\hat{Y}_t = Ln(-Ln(y_t/M))$，$T = -t$，$A = Ln\hat{a}$，则可将式 (6-38) 变形为：$\hat{Y}_t = A + \hat{b}T$

将以上五年利润带入可得表 6-4。

表 6-4

t	T	y_t	Y_t
1	-1	0.7668	0.721388969
2	-2	2.8526	-0.296348033
3	-3	2.8526	-0.296348033
4	-4	3.6913	-0.721997848
5	-5	5.3504	-2.166410929

采用普通最小二乘法（OLS）对其参数进行估计，设该线性回归模型中 $Y = \beta_1 + \beta_2 X + \mu$ 中，$\hat{\beta}_1, \hat{\beta}_2$ 为 β_1, β_2 的估计值，则 Y 的计算值 $\hat{Y}$ 可用下式表示：

$$\hat{Y} = \hat{\beta}_1 + \hat{\beta}_2 X$$

我们要求出这样的估计参数 β_1, β_2，使 Y 与其计算值 $\hat{Y}$ 之间的误差平方和极小，从而求得 $\hat{\beta}_1, \hat{\beta}_2$ 的计算公式如下：

$$\hat{\beta}_1 = \overline{Y} - \beta_2 \overline{X}$$

$$\hat{\beta}_2 = \frac{\sum x_i y_i}{\sum x_i^2} \ (x_i = X_i - \overline{X}, \ y_i = Y_i - \overline{Y})$$

计算样本数据中的各个数值得：$\overline{T}_i \overline{Y}_t t_i y_t t_i y_t t_i^2$。具体见表 6-5。

表 6-5

变量	T	Y_t	$\overline{T}_i$	$\overline{Y}_t$	t_i	y_t	$t_i y_t$	t_i^2
1	-1	0.721389	-3	-0.55194	2	1.273332	2.546664	4
2	-2	-0.29635	-3	-0.55194	1	0.255595	0.255595	1
3	-3	-0.29635	-3	-0.55194	0	0.255595	0	0
4	-4	-0.72200	-3	-0.55194	-1	-0.17005	0.170055	1
5	-5	-2.16641	-3	-0.55194	-2	-1.61447	3.228936	4
汇总	-3	-0.55194					6.20125	10

$$\hat{b} = \frac{6.20125}{10} = 0.62$$

$$A = -0.55194 - 0.62000 \times (-3) = 1.31$$
$$\hat{a} = e^A = 3.70$$

相关系数 $R^2 = 0.876$，并符合 F 显著性检验，因此可以认为该函数较好地拟合了该客户的利润曲线。

从而得回归方程为：
$$y_t = M\exp(-ae^{-tt}) = 6\exp(-3.70e^{-0.62t})$$

（三）预期利润贡献的确认

假设商业银行打算进行三年期的决策，则客户的生命周期界定为 3，将 $t = 6,7,8$ 分别带入上式得：
$$y_6 = 6\exp(-3.70e^{-6}) = 5.945$$
$$y_7 = 6\exp(-3.70e^{-7}) = 5.980$$
$$y_8 = 6\exp(-3.70e^{-8}) = 5.990$$

从而可得该客户的预期利润贡献为：
$$\pi_f = \sum_{t=1}^{3} Y_t(1+d)^{-t} = 5.945(1+60025/) + 5.98(1+60025/)^2$$
$$+ 5.99(1+60025/)^3$$
$$= 15.96(万元)$$

（四）客户利润增长率计算

客户当前的利润增长速度即客户所处时期在客户利润贡献曲线上的斜率，对函数进行一阶求导即可得到客户的利润增长速度。

五、客户终身价值评价

（一）确定因素集（亦称指标体系）

根据商业银行客户的特点，并经过专家问卷调研，设计的商业银行客户终身价值评价指标体系可见上表 6-1。

(二) 确定评语集

在商业银行客户评价时可以将其分为不同的等级，在此，从指标的定量测算和定性指标的专家打分角度，把评价的等级分为：优、良、中、差四个等级，优为 100~90 分，良为 89~75 分，中为 74~60 分，差为 60 分以下，各指标按这四个等级分别进行打分。其评语集表示为：V = (优，良，中，差)。

(三) 确定单因素判断矩阵

在进行商业银行客户终身价值评价时，有些指标不能直接量化，称为定性指标，然而为了评价需对其进行量化。本书采用模糊隶属度赋值法，通过专家打分并进行统计处理，得到定性指标的评价值。由专家组对评价对象的每一个指标进行相对等级评价，则隶属度为：r_{ij} = 判断某指标属于相应等级专家个数/专家总数。此评价指标是介于 0~1 之间的数值。

下面对上例客户的终身价值进行评价，具体见表 6-6 和表 6-7。

表 6-6 客户 j 终身价值贡献指标专家打分表

Table 6-6 The expert suggestion of Customer Life Value for customer j

序号	指标名称	专家1				专家2				专家3				专家4				专家5			
		优	良	中	差	优	良	中	差	优	良	中	差	优	良	中	差	优	良	中	差
1	基础利润			1				1				1				1				1	
2	收益增长	1				1				1				1				1			
3	成本节约			1			1				1				1				1		
4	规模价值		1				1				1				1				1		
5	品牌价值				1				1				1				1				1
6	网络化价值				1			1				1				1				1	
7	推荐效应		1					1			1				1				1		
8	预期利润		1				1				1				1				1		
9	预期收益增长	1				1				1				1				1			
10	推荐效应		1				1					1			1				1		

续表

序号	指标名称	专家1 优	专家1 良	专家1 中	专家1 差	专家2 优	专家2 良	专家2 中	专家2 差	专家3 优	专家3 良	专家3 中	专家3 差	专家4 优	专家4 良	专家4 中	专家4 差	专家5 优	专家5 良	专家5 中	专家5 差
11	客户忠诚度		1				1				1				1				1		
12	客户生命周期	1					1			1						1			1		

表 6-7 客户 j 终身价值评价指标统计表

Table 6-7 The evaluation indicator statistics of customer j

序号	指标名称	统计 优	统计 良	统计 中	统计 差
1	基础利润	0	0	1	0
2	收益增长	0	1	0	0
3	成本节约	0	0.2	0.8	0
4	规模价值	0	0.4	0.6	0
5	品牌价值	0	0.2	0.6	0.2
6	网络化价值	0	0.2	0.6	0.2
7	推荐效应	0	0	0.8	0.2
8	预期利润	0	0	1	0
9	预期收益增长	0	1	0	0
10	推荐效应	0	0.2	0.6	0.2
11	客户忠诚度	0.2	0.6	0.2	0
12	客户生命周期	0.2	0.6	0.2	0

（四）确定指标权重

本书采用改进的层次分析法确定各指标的权重见表 6-7。

（五）进行综合评价

1. 对当前价值 U_{1j} 进行一级模糊综合评价

对于客户 j 的终身价值评价的当前价值指标 U_{1j} 作一级模糊综合评价

$(i = 1,2)$。

当 $i = 2$ 时，对非货币价值指标进行一级模糊评价。

U_{12} 的因素重要程度子集为：$A_{12} = [0.10, 0.41, 0.20, 0.29]$

U_{12} 4 个因素的模糊评价矩阵 $R_{12} = \begin{bmatrix} 0 & 0.4 & 0.6 & 0 \\ 0 & 0.2 & 0.6 & 0.2 \\ 0 & 0.2 & 0.6 & 0.2 \\ 0 & 0 & 0.8 & 0.2 \end{bmatrix}$

$B_{12} = A_{12} \circ R_{12} = [0.10, 0.41, 0.20, 0.29] \circ \begin{bmatrix} 0 & 0.4 & 0.6 & 0 \\ 0 & 0.2 & 0.6 & 0.2 \\ 0 & 0.2 & 0.6 & 0.2 \\ 0 & 0 & 0.8 & 0.2 \end{bmatrix}$

$= [0, 0.162, 0.658, 0.180]$

根据隶属度最大原则，B_{12} 中最大数为 0.658，因此该客户的当前价值指标中的非货币指标上的评价为"中"。

当 $i = 1$ 是，对当前价值的货币指标进行一级模糊评价得：

$B_{11} = [0, 0.245, 0.746, 0]$

将上述结果作为对当前价值指标进行二级模糊评价矩阵。

2. 对商业银行客户 j 终身价值进行二级模糊综合评判

$B_1 = [0, 0.238, 0.731, 0.031]$

同理可得其他模块得二级评价结果为：

$B_2 = [0, 0.342, 0.524, 0.084]$

将上述评价结果构成商业银行客户终身价值评价得三级评价矩阵。

3. 对商业银行客户终身价值评价进行三级模糊综合评价

对该商业银行客户终身价值的综合评价为：

$B = [0, 0.265, 0.680, 0.450]$

B 中最大的数为 0.68，对应于"中"，说明专家组对该客户的终身价值的综合评价为"中"。

4. 对该客户终身价值综合评价进行定量化

其综合得分为：
$$Z = B \circ Q = (0, 0.265, 0.680, 0.045) \circ (95, 80, 65, 50)^T = 67.65$$

至此，便得到了该客户终身价值评价的综合得分，从得分上可以看出客户属于大众客户，商业银行应采取大众客户的营销策略对该客户实施相应营销决策。

本章小结

本章系统地分析了商业银行客户终身价值评价和基于客户终身价值评价的商业银行客户营销决策，重点设计了基于作业成本的商业银行客户基础利润测算模型，并提出了商业银行客户终身价值评价指标体系，最后采用算例的形式对模型及评价指标体系的应用做了进一步论述。

第七章 结论与展望

本书在总结国内外已有的商业银行作业成本研究的文献资料的基础上,运用管理学的基本原理、作业成本理论、商业银行基本理论、基于作业成本的决策理论和客户价值理论,从理论和实务两个角度对商业银行作业成本经营决策进行了系统研究。通过研究建立了基于业务流程的商业银行作业成本核算模型,在此基础上,构建了基于作业成本的商业银行产品组合决策模型、基于作业成本的商业银行产品价格底线测算模型和基于作业成本的客户终身价值测算模型,并对各模型的应用进行了算例验证,为商业银行进行经营决策提供了理论支持。

一、本书的主要结论

商业银行作业成本制度研究是一项复杂的系统工程,包括诸多内容,其中商业银行作业成本决策也包括很多方面,本书主要从基于作业成本的商业银行的产品组合决策、定价决策和客户营销决策三个方面对商业银行的经营决策进行了研究,主要结论如下:

(1) 作业成本管理是以提高客户价值、增加企业利润为目的,基于作业成本法的一种全过程的新型集中化管理方法。它通过作业成本计量,将成本计算深入到作业层次,对企业所有作业活动追踪并动态反映,开展成本链分析,指导企业有效执行作业,并与企业战略规划、预算、绩效管理报告等其他管理要素共同构成一个完整的企业管理体系。

（2）随着银行业的全面开放，外资银行在中国开展业务的限制逐年取消，而外资银行大规模的进入，使我国的商业银行面临的竞争日益加剧，并可能会因为体制和经营管理的原因而遭遇优良客户流失和人才流失问题，因此进行科学的产品盈利能力分析、客户盈利能力分析、产品定价决策就成为商业银行亟待解决的问题之一，而传统的成本系统无法满足以上需求。因此，作业成本法在商业银行的应用具有一定的必要性和可行性。

（3）商业银行作业成本应用包括以下四个方面：产品成本计算、计算产品成本、分析客户盈利能力、开展作业成本管理（营业成本管理、作业预算编制、业绩管理和成本削减）和战略价值管理，其中产品成本计算是其他几项应用的基础。

（4）商业银行作业成本决策包括：产品决策、价格决策、客户决策和战略决策，其中产品决策主要研究生产哪些产品问题，即产品组合决策；价格决策主要研究给产品定价；客户决策即研究哪些客户可以为银行带来盈利，以及对不同客户分别采用不同的营销策略。以上三方面决策是商业银行短期经营决策的主要内容，也是商业银行目前关注的热点问题。

（5）商业银行作业成本决策的关键是作业成本动因率的确定。作业成本动因率不是一成不变的，而是受到很多因素的影响，其中未用作业能力和资源价格是作业成本动因率短期变动的主要影响因素。因此，在进行商业银行作业成本决策时，首先要通过分析未用作业能力和资源价格来确定各作业的作业成本动因率计量模型。

（6）客户终身价值是商业银行进行客户评价及客户营销决策的基础。商业银行的客户终身价值是指该客户在商业银行整个生命周期中的价值，包括当前价值和潜在价值；不管是当前价值还是潜在价值都可以分为货币价值和非货币价值。对商业银行进行客户营销决策不仅要考虑客户已经实现的价值，而且要分析客户的潜在价值，将两者进行有机结合才能得出科学的客户终身价值,进而做出合理的客户营销决策。

(7)商业银行客户终身价值评价并不是将客户的当前价值和潜在价值简单地相加,因为对于商业银行客户营销决策来说,客户的当前价值和潜在价值对决策的重要程度是不同的。因此,需要建立指标体系,并确定相应权重对客户的终身价值进行评价。

二、主要创新点

目前已有的关于商业银行作业成本决策研究的文献相对较少,而且多数是零散的,缺乏全面而系统的研究。而商业银行作业成本经营决策是一个复杂的系统工程,其决策的科学性涉及到商业银行业务管理过程的多个环节,任何一个环节的不完善都会影响整体决策的科学合理性。因此,必须进行从整体到局部的系统研究,具体创新表现在以下几个方面:

(1)系统地研究了商业银行作业成本核算模型,结合商业银行的特点,构建了基于业务流程的商业银行作业成本核算模型。

(2)依据资源属性构建了作业未用能力及资源价格变动的作业成本动因率计算模型。结合基于作业成本的本量利分析模型建立了商业银行产品盈利能力分析模型和商业银行产品组合决策优化模型。

(3)针对商业银行产品的收入/成本特点,构建了基于作业成本的商业银行产品价格底线测算模型。该模型引入货币时间价值概念,采用全面成本管理思想对商业银行产品价格底线进行了科学测算,并分析了影响商业银行产品价格的因素及产品定价目标和定价策略。

(4)运用作业成本法对商业银行客户进行全面成本核算,构建了商业银行客户当前价值测算模型。将客户终身价值理论引入商业银行客户营销决策,提出了商业银行客户终身价值评价指标体系。

三、有待进一步讨论的问题

作业成本法在商业银行的应用包括多个方面：计算产品成本、分析客户盈利能力、开展作业成本管理（营业成本管理、作业预算编制、业绩管理和成本削减）和战略价值管理等，本书仅仅对商业银行的产品决策、定价决策和客户决策进行了相关研究。笔者深知，这些问题研究的基本机理是正确的，深度还不够，还需要在实践中不断进行验证，同时还有很多重要的问题没有解决，为本书研究留下了深深的遗憾。笔者将继续研究以下几个问题：

（1）商业银行作业成本计算机软件系统设计。对于商业银行而言，作业的划分、成本动因的确定及产品成本的计算需要大量的数据信息，必须借助计算机系统来完成，如何结合每个银行信息系统特点，设计商业银行作业成本软件系统是商业银行实施作业的前提。

（2）商业银行产品的需求价格弹性及利率随机性是商业银行产品定价的重要影响因素之一，本书只是进行了简单论述，并未进行深入探讨，如何结合国民经济收入、通货膨胀等各个因素对商业银行的产品需求价格弹性及利率的随机性进行分析是笔者将要深入研究的问题之一。

（3）内部资产转移定价是商业银行进行产品定价、绩效考核和产品盈利能力分析的主要因素之一，决定着以上决策的科学合理性，由于篇幅原因本书没有进行深入分析，还值得进一步研究。

（4）作业成本实证研究。由于目前我国商业银行基本没有施行作业成本，因此对于作业成本的实证研究及作业成本在商业银行应用需要注意的问题还有待进一步研究。

附 录 商业银行客户终身价值评价指标体系权重值

(1.0) 准则层权重判断矩阵（一级指标）

	当前价值（R1）	潜在价值（R2）
当前价值（R1）	1	3
潜在价值（R2）		1

(1.1) 指标层权重判断矩阵（二级指标）

1.1.1 当前价值判断矩阵

	货币价值（R11）	非货币价值（R12）
货币价值（R11）	1	5
非货币价值（R12）		1

1.1.2 潜在价值判断矩阵

	货币价值（R11）	非货币价值（R22）
货币价值（R21）	1	1/2
非货币价值（R22）		1

(1.2) 要素层权重判断矩阵（三级指标）

1.2.1 当前价值货币指标判断矩阵

	基础利润（R111）	收益增长（R112）	成本节约（R113）
基础利润（R111）	1	3	5
收益增长（R112）		1	2
成本节约（R113）			1

1.2.2 当前价值非货币指标判断矩阵：

	规模价值（R121）	品牌价值（R122）	网络化价值（R123）	推荐效应（R124）
规模价值（R121）	1	1/3	1/3	1/3
品牌价值（R122）		1	2	2
网络化（R123）			1	1/2
推荐效应（R124）				1

1.2.3 潜在价值货币指标判断矩阵：

	预期基础利润（R211）	预期收益增长（R212）
预期基础利润（R211）	1	2
预期收益增长（R212）		1

1.2.4 潜在价值非货币价值指标判断矩阵

	客户忠诚度（R221）	推荐效应（R222）	客户生命周期（R223）
客户忠诚度（R221）	1	4	3
推荐效应（R222）		1	2
客户生命周期（R223）			1

参考文献

[1] 赵虹. 我国商业银行中间业务发展问题及对策研究 [J]. 特区经济, 2005, 1: 158~160

[2] 蒋湘伶, 徐振东. 对我国商业银行利率风险的探讨 [J]. 中国金融, 2003, 6: 31~34

[3] 熊继洲. 成本管理在商业银行经营中的系统应用 [J]. 新金融, 2007, 3: 17~20

[4] 韦韩华. 从现代企业成本理论看银行存款成本分析与利用 [J]. 广西农村金融研究, 2004, 3: 40~42

[5] 张中科. 对降低国有商业银行管理成本的方法探讨 [J]. 金融经济, 2005, 5: 38~39

[6] 徐福曼, 孙超. 关于银行推行成本精细化管理的探讨 [J]. 特区经济, 2005, 7: 262~263

[7] 陈兵. 商业银行风险绩效考核体系中成本分摊问题探讨 [J]. 金融会计, 2004, 7: 12~14

[8] 许成兵. 入世对我国国有商业银行造成的影响及对策 [J]. 新疆农业经济, 2003, 5: 75~76

[9] 路婷. 金融业全面开放对我国商业银行经营机制转变的影响 [J]. 时代金融, 2007, 5: 51~52

[10] 周芳. 外资银行全面进入对我国商业银行的影响及对策 [J]. 西安金融, 2007, 4: 37~38

[11] 王丽. 外资银行进入对中资银行的影响及应对 [J]. 时代经贸, 2007, 5: 76~77

[12] 俞靓. 国内银行同质化竞争加剧 [EB/OL]. 中国证券网, 2007, 7 (30)

[13] 才旭明. 商业银行财务程范精细化管理探析 [J]. 辽宁经济, 2007, 3: 31

[14] 邱刚. 关于商业银行加强成本管理的探讨 [J]. 财政监督, 2006, 8: 42~43

[15] Anthony A. Atkinson, Rajiv D. Banker, Robert S. Kaplan, S. Mark Young. Management Accounting [M]. Prentice-Hall, Inc. 2001

[16] Ronald J. Lewis. Activity-Based Costing for Marketing and Manufacturing [M]. Greenwood Publishing Group. 1993: 85~98

[17] Brian G. Kingsman, Antonio Artur de Souza. A Knowledge-Based Decision Support System for Cost Estimation and Pricing Decisions in Versatile Manufacturing Companies [J]. International Journal of Production Economics, 1997, 53: 119~139

[18] Blocher, Edward and Chen, Kung H. and Lin, Thomas W., Cost management: a strategic emphasis [M]. McGraw-Hill, 1999: 104~106.

[19] 蒋春艳. 论作业成本法在商业银行管理中的应用 [D]. 西南交通大学硕士学位论文, 2003, 10

[20] 秦晓萌. 作业成本法在商业银行的应用研究 [J]. 财会通讯, 2006, 11: 52~53

[21] 林刚, 杜炜清. 作业成本法的应用 [J]. 财务与会计, 2000, 1: 30~32

[22] 王平心. 作业成本计算理论与应用研究 [M]. 大连: 东北财经大学出版社, 2001, 7: 17、45~49

[23] 中国注册会计师教育教材编审委员会. 成本管理会计 [J]. 北京: 中国人民大学出版社, 1995: 459~469

[24] 王光远. 对ABC相关研究的回顾及其动因分析 [J]. 当代财经, 1994, 6: 55~59

[25] 王平心, 于洪涛, 张枫. 作业成本法的产生及其新发展 [J]. 西安交通大学学报 (社会科学版), 2001, 5: 30~34

[26] C. Winters, D. Steeple, G. sara. Activity Based Cost Management: A Method for Analyzing Strategic Options in Manufacturing Organizations [M]. Factory 2000-Advanced Factory Automation, 3-5 October 1994, Cibferebce Publication No 398: 220~226

[27] L. S. Rocha, J. W. M. Bassani. Activity Based Costing Applied to Clinical Engineering [C]. Proceeding of Second Joint EMBS/BMES Conference. Houston, TX, USA. 2002, 10 (23-26): 1933~1934

[28] Yi-Chun Tsai, Jung-Sheng Jao. Activity-Based Costing Application in Indirect Material Cost Control-Photo-resist [C]. 2002 IEEE: 243~245

[29] Walton Lisa Williams. The ABC's Of EDI: The Role Of Activity-Based Costing (ABC) in Determining EDI Feasibility in Logistics Organizations [M]. Transportation Journal, Fall, 1996

[30] Glick Noah D, Blackmore C. Extending Simulation Modeling to activity-based costing for Clinical Procedures [J]. Journal of Medical Systems, 2000, 5: 24、77~89

[31] ERIK BIØRN. The Effect of Activity-Based Financing on Hospital Efficiency: A Panel Data Analysis of DEA Efficiency Scores 1992 – 2000 [J]. Health Care Management Science 2003, 6: 271~283

[32] Lievens Yolande, van den Bogaert Walter, Kesteloot Katrien. Activity-based costing: a practical model for cost calculation in radiotherapy [J]. International Journal of Radiation Oncology/Biology/Physics, 2003, 10 (57): 522~535

[33] Pall M. Rikhardsson, Martin Impgaard. Corporate cost of occupational accidents: an activity-based analysis [J]. Accident Analysis and Prevention 2004, (36): 173~182

[34] Back W. Edward, Maxwell Donald A. Activity-Based Costing as a Tool for Process Improvement Evaluations [J]. Journal of Management in Engineering, 2000, 3/4

[35] Lana Yan Jun LIU, John J Robinson, John Martin. An Application of Activity-Based Budgeting: A UK Experience [M]. Cost Management, Boston: 2003, 9/10 (17): 30

[36] Brian G. Kingsman, Antonio Artur de Souza. A Knowledge-Based Decision Support System for Cost Estimation and Pricing Decisions in Versatile Manufacturing Companies [J]. International Journal of Production Economics, 1997, 53: 119~139

[37] Kiani, Raj and M. Sangeladji, An empirical study about the use of the ABC/ABM models by some of the Fortune 500 large industrial corporations in the USA [J]. Journal of American Academy of business, Cambridge: 2003, 9: 174~18

[38] 徐建中, 于士元, 赵忠伟. 作业成本法在企业产品定价中的应用 [J]. 北方经贸, 2006, 6: 94~97

[39] 杨莜敏, 王琦, 吕廷杰. 祖业成本法在大客户成本管理中的运用 [J]. 通信企业管理, 2004, 7: 56~58

[40] 张人千. 魏法杰. 基于作业成本的产品组合决策随机模型与求解 [J]. 系统工程理论与实践，2003，12：63～69

[41] WANG fu-sheng, CHANG qing-fang. Optimal pricing decision model based on activity based casting [J]. Journal of Harbin Institute of Technology (New Series)，2003，2（10）：141～144

[42] 梁星. 基于作业成本的全面预算管理理论与实务研究 [D]. 中国矿业大学博士学位论文，2006，6

[43] Sephton, M. and Ward, T. ABC In Retail Financial Services [D]. Management Accounting, 1990，4

[44] Brimson, J. Activity Accounting. [D], New York, John WIiley, 1991，6

[45] Cooper, R. and Kaplan, R. S. Measure Costs Right：Make the Right Decisions [J]. Harvard Business Review，1988，9/10

[46] Roth, H. P. and Borthick, A. F. Getting Closer to Real Product Costs [M]. Management Accounting，1989，5

[47] 王福胜. 基于作业成本法的生产经营决策理论和方法研究 [D]. 哈尔滨工业大学博士学位论文，2003，3：14～15

[48] [美] 朱莉·马伯利（Julie Mabberley）著. 陈左维译. 作业成本管理：金融机构手册 [M]. 经济科学出版社，2006，12：6

[49] 明黎. 基于 EVA 的商业银行价值管理研究 [D]. 中国矿业大学博士学位论文，2007，6

[50] Mabberley, J. Activity Based Costing in Financial Institutions [M]. Pitman, London, 1992，5

[51] John Wiley, Sons, Ltd. Progress in Tourism and Hospitaity Reaearch.

[52] 舒家伟. 西方银行新成本案例 [M]. 北京：企业管理出版社，2002，11：113～121

[53] 蒋春艳. 论作业成本法在银行管理中的应用 [D]. 西南交通大学硕士学位论文，2003，10：13

[54] 编写组编著. 现代商业银行会计 [M]. 北京：民主与建设出版社，2004

[55] 王志辉主编. 西方银行新成本制度 [M]. 北京：企业管理出版社，2003

[56] 黄静. 浅谈作业成本法在商业银行中的应用研究 [J]. 会计之友（下旬刊），

2007，5：54～55

[57] 李英民．作业成本法在商业银行的应用［J］．济南金融，2004，12：26～29

[58] 王志辉主编．银行作业制度实施规则与方法［M］．北京：经济科学出版社，2005

[59] 余绪缨．以ABM为核心的新管理体系的基本框架［J］．当代财经，1994，4：54～56

[60] 刘希宋，方跃．作业成本法机理、模型、实证分析［M］．北京：国防工业出版社，1999：9～16、30．

[61] 范金．浅论作业成本法在商业银行中的应用［J］．经济师，2002，2：272～273

[62] 徐凤菊，陈薛，韩萍．商业银行成本核算体系再造［J］．武汉理工大学学报（信息与管理工程版），2004，2：128～130

[63] 杨冬花，张丽花．商业银行建立作业成本系统浅探［J］．财会月刊，2004，14：48～49

[64] 徐丹丹．商业银行成本核算中作业成本法与经济增加值的结合应用［J］．华东经济管理，2005，3：136～138

[65] 赵息，吴舒戈．商业银行成本领先战略与ABC法［J］．工业工程，2004，9：5～8

[66] 陈兵．商业银行风险绩效考核体系中成本分摊问题探讨［J］．金融会计，2004，7：12～14

[67] 布拉米奇，比姆尼著．徐经长译．管理会计——发展的方向［M］．北京：中国人民大学出版社，2003

[68] M. Bromwich, A Bhimani. Management Accounting——Pathways to Progress [M]．北京：中国人民大学出版社，2003

[69] 侯本领译．相关性消失：管理会计的兴衰［M］．北京：中国财政经济出版社，1987

[70] 欧阳清．会计大典第四卷：成本会计［M］．北京：中国财政经济出版社，1999

[71] 王光远．作业成本制度（中）：作业的确认与分类［J］．中国审计，2000，11：47～48

[72] 康玉梅．作业成本法中作业的确认与分类［J］．财会研究，2004，9：29～30

[73] 王光远．作业成本制度（中）：作业的确认与分类［J］．中国审计，2000，12：

28~29

[74] Cooper R Cn. handbook of cost management [D]. New York: Warren Gorham and Lamont, 1993, 1

[75] Robin Cooper. Cost Classification in Unit-based and Activity-based Manufacturing Cost System [J]. Journal of Cost Management, 4 (3): 4: 14

[76] 谢志华. 竞争的基础：制度选择 [M]. 北京：中国发展出版社, 2003：401~402

[77] 汪方军, 王鹏, 郭梁. 成本核算新方法——作业成本计算 [J]. 陕西会计, 1999, 2: 32~33

[78] 林斌. 作业成本法在我国铁路运输企业应用的案例研究 [J]. 会计研究, 2001, 2: 31~39

[79] 张建儒, 赵慧娟. 作业成本计算中的成本动因探析 [J]. 财会通讯, 2007, 3: 38~39

[80] 李琳. 作业成本法成本动因研究综述 [J]. 经济师, 2006, 3: 200~201

[81] 欧阳莉芸, 赵健梅. 作业成本法下的成本动因选择研究 [J]. 北京交通大学学报（社会科学版）, 2006, 3: 46~49

[82] 陈娟, 寇晓雪. 成本动因问题的浅析 [J]. 商场现代化, 2006, 1: 62

[83] 赵立业. 作业成本法下的成本动因 [J]. 合作经济与科技, 2004, 22: 50~51

[84] Cooper, Ribin, Kaplan, Robert S. Activity-Based System: Measuring the cost Of Resource Usage [M]. Accounting Horizons, 1992, 9

[85] 骆德明. 作业成本计算及其模型的构造 [A]. 余绪缨教授从教 50 周年纪念论文集 [C]. 辽宁：辽宁人民出版社, 1994. 324~325

[86] 姜硕, 宋磊, 刘琳. 作业成本法数学模型创新 [J]. 运筹与管理, 2004, 2: 156~159

[87] 施卫策, 魏法杰. 作业成本制下的成本函数结构 [J]. 工业工程, 1998, 3: 15~16

[88] 郑筠, 魏法杰, 段瑜. 作业成本制下动态随即成本函数模型的初步构造 [J]. 北京航空航天大学学报（社会科学版）, 2000, 13 (4): 30~33

[89] Casplan Dr., Knoxille. Stand-alone Analytic ABC Systems Versus Integrated ERP ABC System [M]. Alta Via Consulting, 1999: 1~8

[90] 丁日佳, 曹晓雪. 流程工业基于作业链网的分步作业成本计算研究 [EB/OL].

中国科技论文在线，WWW. paper. edu. cn, 1~10

[91] 张人千. 基于作业成本的生产能力决策研究 [D]. 中国航空航天大学博士学位论文, 2003: 20~23

[92] 罗伯特·S. 卡普兰, 安东尼·A. 阿特金森著, 吕长江译. 高级管理会计 [M]. 大连: 东北财经大学出版社, 1998: 98~144

[93] 景东丽. 商业银行作业成本计算的产生及其实施研究 [D]. 北京工商大学硕士学位论文, 2003, 5: 13

[94] 陈铁西. 战略导向的商业银行作业管理研究 [D]. 暨南大学博士学位论文, 2004, 10: 56~59、45~49

[95] Cokins, Gray M. (1996), 谭军, 郑亚英等译. 作业成本管理——成本会计制度的创新 [M]. 沈阳: 辽宁人民出版社, 2000: 410

[96] 唐·R. 汉森, 玛丽安·M. 莫文, 王光远译校. 管理会计 [M]. 北京: 北京大学出版社/科文出版有限公司, 2000: 420~21

[97] 杜丹丽. 作业成本管理应用集成研究 [D]. 哈尔滨工业大学博士学位论文, 2004

[98] 周红俊. 成本动因的选择与合并 [J]. 河南商业高等专科学校学报, 2005, 5: 49~50

[99] 张建儒, 赵惠娟. 作业成本计算中的成本动因探析 [J]. 财会通讯, 2007, 3: 55~56

[100] 李明毅. 成本动因理论与应用研究 [D]. 哈尔滨工业大学硕士学位论文, 2003, 7: 20~21

[101] 胥玲. 作业成本法有关成本动因问题研究 [D]. 天津大学硕士学位论文, 2004, 6: 43~48

[102] 演克武, 朱金福, 何涛. 层次分析法在多目标决策过程中的不足与改进 [J]. 理论探析, 2007, 5: 10~11

[103] 岑玢. 成本动因的理论与应用研究 [D]. 河北工业大学硕士学位论文, 2004, 12: 38~39

[104] Saaty T L. The analytic hierarchy process [M]. New York: Mcgraw-Hill, 1980

[105] 高晓红，信春华. 提高层次分析法有效性的一种方法 [J]. 技术经济，2004，8：59~62

[106] 王雪华，秦学志，杨德礼. AHP 中判断矩阵一致性修正的模式识别法 [J]. 系统工程理论与实践，1997，17（11）：56~59

[107] 高晓红. 企业竞争力管理决策支持系统研究 [D]. 山东科技大学硕士学位论文，2002，5：14~23

[108] 许琳红. 作业成本法在我国商业银行的应用分析 [D]. 天津大学硕士学位论文，2004.1：31

[109] 王军生，李纪建. 论中外银行的竞争优势与竞争效应 [J]. 金融教学与研究，2001，3：2~8

[110] 郝素利，宋建林，张庆红. 基于作业成本的银行产品盈利能力分析 [J]. 企业经济，2006，9：132~134

[111] [美] Philip Kotler 著，梅汝，梅清豪，周安柱译. MARKETING MANAGEMENT [M]. 北京：中国人民大学出版社，2001，7

[112] 方正. 银行经济资本与产品定价及风险管理研究 [D]. 南开大学硕士学位论文，2005，4：14~17

[113] 李世东. 股份制商业银行实施产品组合营销策略的必要性研究 [D]. 对外经济贸易大学硕士学位论文，2005，7：19

[114] 万后芬，应斌. 现代商业银行营销 [M]. 北京：清华大学出版社，2005，4

[115] 李学迪，郑均. 基于投入产出成本函数的产品组合决策研究 [J]. 科学技术与工程，2007，4：1502~1505

[116] 李世东. 股份制商业银行实施产品组合营销策略的必要性研究 [D]. 对外经济贸易大学硕士学位论文，2005，7：18~19

[117] 梁星. 基于作业的全面预算管理理论与实务研究 [D]. 中国矿业大学（北京）博士学位论文，2006，6：68

[118] Ding Rijia, Du Aijing, Qiang Guiying, Wang Lijie. Study on Accounting Principle and Method of Activity-Based Costing of CIMS Enterprises in China [J]. Journal of China University of Mining & Technology, 2000, 10：131~134

[119] 汪方军. 基于作业的企业资源成本模型研究 [J]. 系统工程理论与实践，

2004，5：34～39

[120] 汪方军，万威武，王平心．基于作业的本量利模型及保本分析 [J]．系统工程理论与实践，2002，3：32～40

[121] 吴建伟．商业银行产品定价模型的设计与实现 [D]．浙江大学硕士学位论文，2005，4：9～12

[122] 徐越雄．银行产品定价模式转变研究 [D]．复旦大学硕士学位论文，2005，5：26～32

[123] 刘铁．作业成本法在银行成本管理中的应用研究 [D]．华东大学硕士学位论文，2004，12：29～32

[124] 李赟．国有股份制商业银行产品定价体系研究 [D]．首都经济贸易大学．硕士学位论文，2006，5：6～10

[125] 赵向东．国有商业银行产品定价问题研究 [D]．辽宁工程技术大学硕士学位论文，2002，1：29～32

[126] 李保成．商业银行产品的定价研究与应用 [D]．兰州大学硕士学位论文，2004，3：10～11

[127] 阮红．商业银行零售客户终身价值评估及业务管理体系研究 [D]．复旦大学博士学位论文，2005，4：41～42

[128] Frederich F Reichneld. The hidden Force Behind Grwth. Profits and Lasting Value [M]．Havard Business School Press，1996

[129] 王海州．Http：//www.ctiforum.com/technology/CRM⑪05/crm0512.htm. 2001，05，15

[130] 郝素利，丁日佳．中小企业融资困难的原因分析及建议 [J]．中国审计，2006，5：106～109

[131] Berger P. D, Nasr N. I. Customer Lifetime value：Marketing models and applications [J]．Journal of Interactive marketing，1998，12（1）：17～30

[132] Phillip E Pfeifer, Robert L Carraway. Modeling customer relationships as Markov chains [J]．Journal of Interactive Marketing，2000，4：43～55

[133] Dywer，F. Robert. Customer Lifetime Valuation to Support Marketing Decision Marketing [J]．Journal of Direct Marketing. 1989，2：73～83

[134] 谭跃雄，周娜. 基于动态客户保持的企业客户生命周期价值模型研究 [J]. 管理科学，2004，12：46~50

[135] Dwyer F. Robert，Schurr Paul H.，Oh Sejo. Developing Buyer – Seller Relationgs [J]. Journal of Marketing，1987，51（4）：11~28

[136] 陈明亮. 客户保持与生命周期利润变化趋势实证研究 [J]. 统计研究，2002，6：40~44

[137] 门洪亮. 基于规模经济效应分析的我国商业银行改革 [J]. 对外经济贸易大学学报，2004，2：37~42

[138] Avi Gildfarb，Qiang Lu，Sridhar Moorth. Measuring Brand Value in an Equilibrium Framework，2006，http：//papers.ssin.com

[139] 吴国新. 客户忠诚对企业客户价值影响度分析 [J]. 江苏商论，2007，3：34~35

[140] 张志娟. 商业银行公司客户价值评估及应用研究——基于 CLV 理论的一个改良 [D]. 对外经济贸易大学硕士学位论文，2006，4：23

[141] 赵基. 基于数据挖掘的银行客户分析管理关键技术研究 [D]. 浙江大学博士学位论文，2005，5：102~105

[142] 周群. 经济资本约束与商业银行精细化管理研究 [D]. 天津大学博士学位论文，2004：21~26

[143] 郝素利，丁日佳. 基于作业成本的商业银行客户贡献度计算 [J]. 会计之友，2007，6：87~88

[144] 李谓宪. 基于作业成本法思想的银行业客户业绩核算体系设计 [D]. 重庆大学硕士学位论文，2005，3：31

[145] 潘越. 基于 CLV 与客户忠诚的客户细分方法研究 [D]. 大连理工大学硕士学位论文，2004，6：14~18

[146] 卢益清. 客户潜在价值及其在客户细分中的应用研究 [D]. 华中科技大学硕士学位论文，2003，10：15~24

[147] 刁永刚. 基于客户终身价值与客户行为的商业银行客户细分 [D]. 南开大学硕士学位论文，2005，5：21~23

[148] 潘越. 基于 CLV 与客户忠诚的客户细分方法研究 [D]. 大连理工大学硕士学位论文，2004，6：18

[149] 刘爱国. 产品经济寿命曲线及其拟合 [J]. 乡镇经济研究, 1997, 5: 21~23
[150] [美] 科特勒著, 俞利军译. 市场营销 [M]. 北京: 华夏出版社, 2003, 1
[151] 景在伦. 商业银行客户评价和客户结构优化研究 [D]. 中国海洋大学硕士学位论文, 2005, 6: 45~49
[152] 吴建伟. 商业银行产品定价模型的设计与实现 [D]. 浙江大学硕士学位论文, 2005, 4: 26~27